Opera buffa in assenza di luce

- commedia in sette atti con prologo e Gran Finale -

è un romanzo di Roberto Gualducci

Personaggi al ballo

Dr. Aldo Bellini	il fuoriclasse
Dr. Giulio "padrepio" Barbazza	amico e collega
Dr. Gianfranco Beati	amico e collega
Dr. Astolfo G.B. Santini	amico matto
Dr.ssa Gabriella Cristiani	collega troiace
il manzo	suo accompagnatore
Prof. Cantarini	docente trombone
Angela Cantarini	moglie fornicante
Profumo E.	collega petulante
Bianca V.	dirigibile di Treviso
Hooghendoorf W.	Presidente cornuto
Antonella Responi	traduttrice bona

Prologo.

Sipario.
Una tendina di plastica bianca e screpolata, con i trenini stampati e gli alberelli natalizi sullo sfondo, finita a morire in un'officina. La mano di uomo annerita dal lavoro la scostò per sbirciare dalla finestra, mentre la ragazza accanto a lui riprendeva a lavorare sul macramè.
- È sempre fermo là. -
La ragazza, intenta a ritrovare la trama, non disse nulla.
- Perché lo hai fatto uscire? Che senso ha? -
Lei non rispose.

Appoggiato alla ringhiera, Aldo guardava l'aurora sorgere sul porto. Pian piano le cose tornavano a esistere uguali a ieri: quella ai suoi piedi era una bitta da ormeggio e, poco più avanti, giaceva la carogna di un cefalo che qualcuno aveva pescato per lasciarlo lì a marcire.
La luce nascente, via via spalmandosi sul suo vestito da cerimonia malconcio, gli conferiva un che di spettrale; fra Aldo e quella tendina di plastica c'è Via Gramsci, ancora trafficata perché la domenica mattina i giovani rincasano che è giorno fatto.
Le lingue dei fari si inseguivano, mentre dal mare si avvicinava incurante un traghetto carico di luce; a ovest, le case del fronte del porto sono ancora sagome brune sempre più piccole e opache.

E sembrava che il tempo sarebbe cambiato, a giudicare dalle nuvole all'orizzonte.
Aldo si trovò in testa uno di quei pensieri bislacchi che ti arrivano quando meno te li aspetti, in apparenza lontani dal vero ma che del vero sono la chiave nascosta - Come si fa ad amare l'Opera Lirica? Storie ripetute ogni sera e immutabili nei secoli; Sparafucile riceverà i soldi da due mani per poi uccidere chi di men lo pagò mentre lei, impazzita d'amore, anche stasera si suiciderà al cenno del direttore d'orchestra.
Un mondo a sé stante, dove i costumi vestono persone che sono le caricature dei propri sentimenti: il buono è buono fino in fondo e il cattivo trama per ottenere ciò che vuole senza mai dubitare di sé.
Anche se ripetuta mille volte, la scena non lascerà traccia in nessuna coscienza e ognuno sarà pronto a risorgere domani, attorno alle nove di sera, pronto a commettere gli stessi errori di oggi.
Come se la vita si svolgesse in un eterno mezzogiorno e senza che un ombra vi disegni una sfumatura, un semitono. Il sole perpendicolare ha stampato immutabili quei caratteri, fin da un giorno lontano, perché così sia in sempiterno.
Il sole perpendicolare, s'è detto; o forse, come in un gioco di beffe in antinomia, una totale assenza di luce. -

Atto primo: stanno sul sentiero l'allegra brigata, l'oracolo e l'amor che andrà perduto.

Il pomeriggio precedente, grazie alle strisce di luce dalle persiane, Aldo teneva d'occhio la sveglia sul comodino. Avrebbe suonato dopo una venti minuti ma inutilmente, perché lui non aveva preso sonno; seccato, ne incolpò i vuoti discorsi dei vicini giù in cortile.
- Bella giornata, limpida come solo a settembre. - la voce d'uomo più vicina.
- Sì; - rispose quella col timbro da papero - ma vedrai che domani piove. -
- Tu cosa ne sai del tempo che farà domani? - sbottò Aldo, come se potessero sentirlo.
Qualcosa di anomalo penzolava dalla sedia lato ospite, una roba scura e lunga da arrivare quasi al pavimento - Ha lasciato il reggiseno. Possibile che non se ne sia accorta? - la donna era sfilata dal letto un'ora prima e s'era vestita al buio per non svegliare lui che non dormiva. Sembrava offesa perché Aldo non l'aveva invitata al party ma, ciò nonostante, prima di uscire si era chinata a baciarlo e aveva posato un biglietto accanto alla sveglia.
- Ultimamente da queste parti c'è un gran via-vai. -
Il suono dei tacchi l'aveva accompagnata in bagno per l'ultima rassettata, poi fuori in piazzetta e ticchettando fino sparire scendendo la scala. Risentita per il mancato

invito, forse, ma felice di aver passato una bella serata, una notte di sesso e una mattina di pigro far niente; e contenta del suo nuovo giocattolo, di una casa accogliente dove raggiungerlo per raccontargli di sé le cose che si dicono a pochi e sceltissimi, pensieri e speranze.
Ancora non sapeva che non sarebbe tornata mai più, e che il giocattolo l'avrebbe ricordata per la dimenticanza del reggiseno più che per la bellezza o per il nome.

Un suono fastidioso lo sorprese a metà rasatura: la sveglia suonava le sedici e trenta. In cortile, anche il discorso più banale s'era fatto insostenibile e regnava il cinguettio tra i rami - Adesso stanno zitti. -
Con lui già sotto la doccia, il click della segreteria telefonica - Dormi? - la voce di Beati - Ultimi ragguagli: ci vediamo al portone e chi primo arriva aspetta. Tu lascia a casa la macchina; la prendo io, intanto mi tocca portare dallo psicanalista quella scema di mia sorella. Poi ti riaccompagno a casa, adorabile minchione! Forse viene Santini e pare ci sia la Cristiani. Eh eh! Stasera le faccio vedere il castoro, te lo metto per iscritto! Tu vestiti in alta uniforme, che la Farmaceutica ha fatto le cose in grande: rinfresco con orchestra, quattro scemenze sui prodotti e poi si balla. Pare che Cantarini venga con la moglie: la moglie, non so se mi spiego. Ergo, qualcosa becchiamo di certo. Dunque: alle sei io sono a prendere Barbazza, poi Santini, cerco parcheggio e saremo là alle ... beep! - la segreteria lo interruppe.

- Adesso ti richiamo per mandare in culo te e la festa o, se mai dovessi venire, prendo la macchina e quando ne ho abbastanza mi eclisso. -
Non lo fece e continuò a prepararsi, pur se di pessimo umore - Se c'è Santini si ride, almeno quello. - sotto il vestito nero indossò la camicia bianca, un classico.
Tra le stanze di quella casa vagava un'anima segreta pronta a spostarsi al suo passare; c'era, l'anima senza pace, ma non si faceva vedere.
Sul comodino, Aldo agguantò l'accendino Ronson e, cercando il Rolex, vide il biglietto piegato; non lo lesse ma, impaziente di allontanarsene, dimenticò l'orologio.

Fuori dal metrò, il campanile recitava le sei e un quarto; nonostante il viaggio con i mezzi, Aldo si scoprì in anticipo. Per essere sabato non c'era la solita calca; per non sprecare una limpida giornata di fine settembre, tanti avevano preferito un ultimo week-end di mare.
Il portone era ancora chiuso, ma quelli del catering già scaricavano i furgoni e altrettanto facevano gli orchestrali con i loro strumenti.
Aldo cercò distrazione nel passeggio attorno; in mezzo a persone ancora vestite come d'estate, lui pareva un manichino da vetrina.
Sull'angolo del Ducale, un poveraccio seduto a un banchetto vendeva i biglietti della lotteria - Vénghino, signori, vénghino! - sotto gli occhiali scuri, il tipo era cieco o poco ci mancava; a voce alta attirava i passanti, parlando e ridendo al tempo stesso - Ah ah ... Qui c'è la fortuna, signori! Eh eh. Come? Non sperate più nella

fortuna? Ma no, eh eh, su certi argomenti non si scherza. Vi sembrerà strano, ma io me ne intendo. Eh eh. Comprate il biglietto, non ve ne pentirete: qui c'è una scommessa da vincere. - nonostante l'invito, però, la gente rimaneva alla larga da quel poveruomo.
Lì vicino due turiste chiedevano informazioni; il giornalaio spiegava loro che l'obiettivo non era distante, che bastava scendere lungo la cattedrale e voltare a destra ma, non sapendo le lingue, era uscito dall'edicola per disegnare gesti che le valchirie seguivano con difficoltà.
Grazie al suo buon inglese, per Aldo sarebbe stato facile rimorchiarle; il pensiero non si tradusse in azione e così, titubanti con in mano cartina e bottigliette di minerale, le ragazze si allontanarono indisturbate.
- Ecco un biglietto di quelli buoni, giovanotto. Ah ah: un vero tesoro! Alla tua età e con la mammina che hai sono sicuro che la fortuna sia già dalla tua parte. Eh eh: però non se ne ha mai abbastanza, no? Uh uh! -
Davanti al banchetto un ragazzino guardava il tagliando già nelle sue mani, intanto che la mamma lo pagava.
Nel frattempo, altri elegantoni andavano a occupare le vicinanze dell'entrata principale, perlopiù signori di mezz'età accompagnati dalle consorti ingioiellate. Una vibrazione dalla tasca gli segnalò l'arrivo di messaggio al cellulare, il quinto o sesto da quando Aldo era uscito da casa, che rimase con gli altri ancora da leggere.
Che errore, aver accettato l'invito. Gli serviva una giustificazione per tornarsene alle sue cose - Viene da me una che scopa da paura, solo che quella scema mi ha fatto l'improvvisata. - una fantomatica donna che fosse la scusa

per non andare al party, come il party era stata la scusa per liberarsi di una donna.
Però era da un pezzo che non si concedeva vita di società e magari bastava un piccolo sforzo per riavvicinarsi a qualcosa che, in passato, aveva ben gradito.
Ma la tentazione di scendere a ritroso verso casa sua, lasciandosi alle spalle la piazza sempre più affollata, si ripresentava forte; e forse vi avrebbe ceduto se, proprio in quel momento, Barbazza non gli avesse fatto toc-toc sulla spalla - Ciao, Aldo: sei qui da molto? -
- No, Barbazza, un quarto d'ora. Dove sono gli altri? -
- Stanno importunando due ungheresi, vogliono rimorchiarle alla festa. -
- Le turiste? Così vestite non passano l'ingresso. -
- Vero. Già sarà dura far entrare Santini, che non è specialista e che non ha l'invito. -
- Lui passa di sicuro, quello non lo ferma nessuno. -

Beati avvicinò i due amici - Le patate all'ungherese sono ossi duri! Santini non demorde: si sta facendo passare per un petroliere armeno che parla in un vernacolo caucasico misto a genovese stretto. Il bello è che le due fighe capiscono più lui che me con il mio inglese da periferia nord di Oxford. - si lamentò.
In piazza, un po' invecchiati, ecco Barbazza, Beati e Bellini. Sempre insieme negli anni di università e specializzazione, inseparabili nei posti a sedere e sui registri alfabetici tranne quando un tal Bedini s'era inserito tra loro per ritirarsi dopo un paio di mesi.

Barbazza s'era fatto calvo, nondimeno mantenendo il candore valso a farsi soprannominare "padrepio", appellativo ormai in disuso.
Beati aveva messo su pancia: lui era il cinico del gruppo, apprezzato più per la simpatia che non per l'umanità e, perciò, condannato a farsi caricatura. Il fidanzamento con una certa Carla, storia di un secolo fa, ne rappresentava l'unica concessione alla vita di coppia.
Aldo Bellini, il fuoriclasse, ultimamente non era più lui.
- Guardate: - segnalò Barbazza - le patate minacciano Santini con le bottigliette. - le ragazze davano segni d'impazienza al punto che la bruna sembrava sul punto d'innaffiarlo con la minerale.
- Loro non immaginano la fortuna di essere forestiere, altrimenti lui partiva con la erre moscia. - uno dei classici del Santini era lo sketch della *erre moscia*; com'è ovvio con le straniere non funzionava e quindi lui, correttamente, non lo proponeva.
Adesso s'era messo a gesticolare immaginifico, come descrivendo qualcosa di grosso tipo un elefante o un rinoceronte; oppure un camion, perché poi sembrò mettere le ruote alla sua creatura eterea.
- Che cazzate starà sparando? - se la rise Beati.
- La fortuna vien di notte se tu hai braghe e scarpe rotte, ah ah; ma se il buio dà avvertenza, del biglietto non far senza. Uh uh uh! -
Barbazza si accorse del venditore della lotteria - Avete visto, ragazzi? Quel povero diavolo sembrerebbe ...-
- Ipovedente con deficit funzionale di un settanta, ottanta per cento; direi dovuto a trauma, piuttosto che secondario

a degenerazione organica. - Aldo, con la spocchia del primo della classe.
- Quasi quasi gli chiedo come ha fatto a ridursi così e cosa gli ha diagnosticato il collega che lo ha in cura. -
- A quel demente che cazzo gli vuoi chiedere? - Beati sembrò più disinteressato che non discreto.
- Gli compro un biglietto, già che Santini non la smette e che il portone è ancora chiuso. - fu l'alibi di Barbazza.
Da una limousine scese una coppia: lei appariscente come una regina, con il vestito rosso a segnarne le forme, e lui duro nei lineamenti e nei modi. Il duro indicò all'autista di mettersi poco lontano, incurante del divieto di sosta, e alle due guardie del corpo diede un ordine perentorio. La coppia e i gorilla salirono lo scalone, fino al portale che per loro si schiuse magicamente.
- C'è pure il tedesco, il capo in testa! - l'informato Beati.
- Che prodotto presentano? -
- Un collirio, Aldo; lo schiaffi in ricetta e a fine anno ti fai una settimana in crociera a culo fuori. -
- Potrebbero aprire i cancelli, no? Barbazza fa il buon samaritano, là c'è il petroliere armeno e io e te stiamo qui ad ammuffire. -
- Avviciniamoci al banchetto della lotteria, Aldo: vedo trippa per i nostri gatti. - propose Beati; dal venditore di biglietti, accanto a Barbazza, s'era fermata una strana coppia: lei una ragazza acqua e sapone e lui un giovane ritardato che voleva un biglietto a tutti i costi.
- Lo so, Ornello: vuoi giocare alla lotteria, ma noi abbiamo speso i soldi per il gelato. Ti ricordi del gelato? -

Quello non sentiva ragioni; già sui venticinque anni ma con la mente di un bimbo, insisteva e piagnucolava. Sebbene vestisse con fogge e colori d'altri tempi era pulito e pettinato, segno che qualcuno si occupava di lui. Non era chiaro se la ragazza fosse la sorella o un'assistente sociale o chissà che altro; di sicuro, però, lei aveva notato Aldo e lo guardava quasi senza sosta.
- Lo compri, signorina. Ah ah ah, chissà mai che la fortuna voglia ricordarsi di lui, ih ih, però la fortuna va aiutata, no? Uh uh uh ... -
- Hai visto come ti guarda la crocerossina? - sibilò il Beati - Ascolta: ti presto la macchina, li accompagni a casa, mandi su il mentecatto e ti fermi con lei nel portone. Le santarelline sono le più porche! Io proporrei ... -
Mentre il Beati enumerava pratiche d'accoppiamento estremo, la giovane continuava a guardare Aldo come se lo conoscesse, come se provasse a ricordargli qualcosa.
- Vera: voglio vincere la lotteria! -
- Ornello, ascolta: - lei non gli faceva mancare il tono più dolce e comprensivo - questo signore non può regalare i biglietti, il suo lavoro è di venderli. Anche lui ha una famiglia che deve mangiare proprio come te e me. -
- Hai sentito? La pupa si chiama Vera e lui Ornello. Eh eh: ma che cazzo di nome è, Ornello? - Beati, sfacciato.
La bisbigliata trapelò, visto che la ragazza gli disse - È un nome che si usa da Roma in giù, spesso in memoria di un avo o dei nonni. -
- Lei si chiama Vera? - Beati era partito - Anche il suo non è un nome comune, sebbene sia molto piacevole. -
- Grazie, signore. - ringraziò Beati, ma guardando Aldo.

- Piacere di conoscerla. Io sono Gianfranco, lui è Aldo e quello lì che ha lasciato i capelli a casa è Giulio. -
Barbazza, ancora intento a studiare il paziente, stese la mano - Piacere, signorina: io sono Giulio. -
Lei la strinse, così come strinse quella di Beati. La mano di Aldo le arrivò con ritardo e Vera la accolse in modo differente.
Ornello aveva posato la busta di plastica; con le mani libere rimirò il tagliando dai colori forti, con le caravelle disegnate e la scritta grossa che ti promette un milione, chiunque tu sia.
- Mi dispiace, Ornello, ma non possiamo prenderlo. Magari ripassiamo lunedì, se il signore sarà ancora qui. -
- Dove vuole che vada? In Ferrari a Montecarlo? Ah ah! -
Complice la distrazione, Beati riprese il suo porno-bisbiglio - Sveglia! Giro in macchina e zac, la signorina Vera finisce allo spiedo! O per farle il panettone aspetti che sia Natale, testone d'uccello? -
Santini, pure lui in nero e camicia bianca, adesso mimava uno che col fucile sparacchia fra i rami. Forse raccontava del safari col Maharajah quando lui, con un toast, aveva attirato in gabbia un tigrotto; per finire col dire della cena, dove i camerieri nudi gli servirono le vipere in brodo. Nonostante la buona volontà, però, era costantemente tenuto sotto la minaccia dell'acqua in bottiglietta.
Mentre Beati raccontava una qualche fesseria alla coppia Ornello-Vera, Barbazza ne approfittò per relazionare Aldo sulle condizioni del soggetto in esame - Hai ragione: gli ho sbirciato sotto le lenti e le sclere presentano un reticolo di incisioni. Le iridi hanno perso il colore e i

cristallini sono opachi. Direi un incidente o delle cattive abitudini lavorative. Può essere che prima facesse il fabbro o qualcosa di simile. Ehi: ma mi senti? -
Aldo aveva sentito, ma si rivolse alla ragazza - Vera: ho deciso di comprare un biglietto e, se non ti offendi, ne offro uno a Ornello. - senza aspettare la risposta disse al venditore - Il giovanotto tiene quello che ha in mano e io ne prendo uno a sua scelta: quanto le devo? -
- Noi non vogliamo approfittare della sua gentilezza. -
Ma il venditore diede l'affare per fatto - Finalmente! Vi pare possibile che chi elargisce buona sorte debba fare questa fatica? Ah ah! Dammi sei euro, amico. Uh uh! E quando sarete milionari, ricordatevi di me. Ah uh! -
- Grazie, Aldo, io non so ... hai sentito, Ornello? Puoi tenere il biglietto. Ringrazia il signore, per piacere. -
- Grazie. - lui, senza staccare lo sguardo dal tagliando.
Al calar della sera sulla più bella piazza della città, due occhi pieni di vita chiamano una persona la cui distanza, però, non è solo nei pochi metri tra loro. È un amo che pesca nell'acqua, nient'altro.
Barbazza, versione "padrepio", chiese: - Ornello, sei contento? Il dottor Aldo Bellini ti ha regalato il biglietto. E se tu dovessi vincere il milione cosa compreresti? -
- Dottor Aldo Bellini. - ripeté piano Vera.
- Il dottor Aldo Bellini non vede un prete nella neve. - insinuò Beati, riferito al suo chiodo fisso.
- Rispondi al signor Giulio, Ornello: cosa ti piacerebbe? -
Trascorsero secondi di imbarazzo nell'attesa di una risposta che giunse quando non ci si sperava più - Voglio comprare il monumento. -

- Il monumento? -
- Sì, voglio comprare il monumento! -
Giro di sguardi interrogativi - Ah, sì. - chiarì lei - Prima eravamo davanti al teatro e Ornello voleva salire sul cavallo insieme a Garibaldi. Poi è arrivato un vigile e ci ha detto che Garibaldi e il cavallo sono di tutti, perciò nessuno può salirci e lui fa la multa a chi ci monta sopra. Noi abbiamo avuto paura della multa e siamo scappati. -
Con rumore di ferri, il portone fu aperto. Gli invitati cominciarono a entrare - Ci siamo, ragazzi. - dichiarò Aldo - Beati: se Santini non la finisce di molestare le turiste, digli che lo lasciamo fuori. -
- Obbedisco. - Beati scese verso la pantomima.
- Noi ci avviamo verso casa, che al nostro passo ci vuole un'ora anche se abitiamo vicino. - disse Vera - Grazie ancora, Aldo, anche da parte di Ornello. Arrivederci, signor Giulio, ci saluti Gianfranco. -
- Arrivederci, Vera. Ciao, giovanotto. -
- Arrivederci, Aldo. -
- Ciao, Vera. -
La coppia salutò il venditore e si incamminò a braccetto verso il centro, lei borsetta a sinistra lui sacchetto a destra; lentamente, perché il ragazzo si distraeva spesso e, ogni volta, Vera doveva spiegargli questo e quello.
Barbazza, com'era prevedibile, si rivolse all'uomo della lotteria - Chiedo scusa, amico: noi siamo dei medici e vorremmo sapere com'è successo che lei ... -
- Dici a me? Ah ah ah. Com'è successo cosa? Ih ih! -

Aldo guardò Giulio a intendere che non ne avrebbe cavato niente: il tizio era suppergiù un barbone, uno che tramuta in grappa quel poco che gli arriva dalle lotterie.
- Parrebbe che lei abbia avuto un incidente sul lavoro o qualcosa di simile: vorrei sapere se la mutua le riconosce l'invalidità, se l'Inail ne ha comunicazione ... -
- Parli di questo? - per un istante si tolse gli occhiali, mostrando uno spettacolo da brividi - Un incidente sul lavoro? Sì, ma il lavoro non era il mio, ah ah! -
- Non la capisco ... -
- Lo so che non capisci, uh uh! - s'interruppe per valutare se valesse la pena proseguire - Vuoi saperlo? Te lo dico? Te lo dico o non te lo dico? Massì, te lo dico: il Saldatore ha voluto che io lo guardassi lavorare, eh eh. -
Che Barbazza l'avesse azzeccata? - Ho capito: senza le adeguate protezioni, lei ha guardato un tizio saldare. Faceva il fabbro anche lei? -
L'uomo divenne serio - No, non hai capito. Io non facevo il fabbro, lavoravo alle gru in porto. E neanche quello che ho guardato faceva il fabbro: lui era il Saldatore. -
I due amici si scambiarono un'occhiata; era Aldo ad aver ragione: si erano rivolti a un matto e loro, privi di delicatezza, lo riportavano a un problema drammatico, uno di quelli che ti cambiano la vita - Ah, ecco... ora sì che mi è chiaro, mi scusi. - balbettò Giulio.
Ma l'uomo della fortuna volle aggiungere - Quella notte l'Angelo non c'era, o dormiva. Non ha potuto aiutarmi o forse non ha voluto farlo, eh eh. E questo, io non l'ho saprò mai. - rise davvero, stavolta amaro - Eh, no; quella volta non ho avuto fortuna. -

Aldo prese per un braccio Barbazza, così che potessero allontanarsi - Ho capito, caro amico. Ci scusi. A volte la professione prende il sopravvento e uno ... -
- Da quella notte, io la fortuna posso solo venderla: ora hai capito, dottore? -
- È chiaro, amico. La salutiamo. Buon proseguimento. - Aldo se lo tirò appresso per fermarsi qualche metro più in là.
La bruna, dieci centimetri più alta del Santini, prese finalmente ad annaffiarlo; Beati poté recuperare il renitente e trascinarlo verso il resto del gruppo.
- Ti devo delle scuse, Aldo. - Giulio, imbarazzato - Era un matto e io l'ho turbato con le mie stupide domande. -
- Non fa niente, dai, ci sarà abituato. -
- Ehi, guarda là. - prima di scantonare l'angolo della piazza, Vera e Ornello s'erano fermati; lei guardava verso di loro - Proprio una bella ragazza, quella Vera, eh? -
- Già, proprio una bella ragazza. -
- Ciao, Aldo: anche tu qui? - Santini gli arrivò davanti, bagnaticcio - Ricorda per sempre queste mie parole: gli umidi saranno i primi! -

Atto secondo: al ballo in maschera.

Inutile dire che Santini passò l'ingresso come se fosse il Doge di ritorno da un pic-nic in brughiera, e proprio all'ingresso si generò il primo allarme: l'apertura ritardata aveva ammassato la gente al guardaroba e, da che mondo è mondo, è negli spazi colmi di chiappe che Santini dà il peggio di sé.
Guardando dal ballatoio l'androne illuminato si poteva sbirciare nei décolleté di chi saliva la scala - Occhio, autocisterna in arrivo. - a fianco dell'accompagnatore di turno, la Cristiani veniva su - Che montata lattea! - Beati svelò il suo piano - Al segnale convenuto voi distraete il manzo che è con lei e io parto con la mossa del coguaro. E non facciamo brutti scherzi, chiaro? - raccomandazione opportuna, dato che le probabilità di avere supporto sono, da sempre, meno che quelle di beccarsi il tiro mancino.
Tra un frizzo e l'altro la combriccola fece ingresso nel salone centrale. Là tutto è bianco: pareti, colonne, statue, tendaggi a coprire i finestroni e le vetrate sulle sale laterali. Al livello superiore, pianerottoli e scale arrivano da altri ambienti per poi proseguire nell'ignoto; verso un numero imprecisato di ambienti, dalle cisterne fino alle terrazze, e verso le stanze intoccabili dove era passata troppa Storia per farne luoghi da intrattenimento leggero, accompagnato da sbornie e da bottiglie allo stato brado.

Tutto è bianco anche perché è bianca la luce, fortissima, grazie alla quale il colore dei vestiti raggiunge un contrasto brutale.

La natura del rinfresco si palesava nello stand a lato, con una prosopopea di cartelli e di sagome per lanciare il prodotto in questione; là facevano base gli informatori solleciti ad accogliere i medici che, una volta dentro, si fermavano e ripartivano in un tira e molla di capannelli.

La regola del saluto e del capannello valeva anche per i nostri amici, ma il filo teso tra loro era più forte dei convenevoli a cui partecipavano singolarmente: bastava passasse una donna con certi requisiti, infatti, per far scattare un tacito allarme-rosso in cui i quattro sguardi si cercassero per dare assenso o dissentire, secondo i casi.

Quando l'orchestra iniziò a lavorare soft, fu più facile trascurare i crocchi occasionali e ristabilire attività di branco. Barbazza avvertì di una situazione da non sottovalutare - Occhio: Santini s'è infiltrato nel gruppo dei piemontesi e parla con l'erre moscia! -

- Prevedo tumulti, ci conviene organizzare una ronda. Cominciate voi, però, perché io ho avvistato la preda. - la Cristiani, sola, passava da lì e Beati non voleva perdere il treno che lo avrebbe reso parte di un trenino.

Fu Aldo ad accostare il maledetto Santini, così da sentire che aria tirava: il principe della faccia tosta pareva conoscere tutti, chiamando *collega* persone mai viste e che suoi colleghi non erano. Il volpone s'era piazzato tra le mogli del nucleo di Torino dove, su sette o otto, a stento se ne salvano un paio.

- Mie cave signove, vitengo oppovtuno segnalave alla vostva attenzione la puvezza, la sobvietà degli avvedi ... - era partito pesante, tanto che Aldo cercò i compari per comunicare loro il livello di massima allerta; però Barbazza sembrava scomparso, mentre Beati era con la Cristiani scollata fino alle natiche e impegnato in conversazioni a sfondo peloso.
Grazie a un fortuito colpo d'occhio, però, Aldo si accorse che l'accompagnatore della Cristiani, il cornuto prossimo venturo, si approssimava con in mano due bicchieri. Beati stava per essere smascherato nello spaccio abusivo di salciccia: il momento era topico e Barbazza aveva pensato bene di chiacchierare con due vecchi ancor più rimbambiti di lui. Così Aldo, per preservare altrui coiti a venire, decise di speronare il manzo sopraggiungente.
Cosa che fece con fin troppo trasporto - Ecchecazzo! Stai attento! - i bicchieri volarono a terra e il prosecco un po' dovunque. Beati si avvide del trambusto, capì la mossa e gli strizzò l'occhio.
- Devo aver inciampato in quei cavi elettrici. Scusami, collega. - mentre il manzo cercava dei cavi che non c'erano, Aldo s'allontanò furtivo.
C'era da resuscitare quel fesso di Giulio, nell'angolo della terza età a chiacchierare incurante della mina vagante chiamata Santini.
- Ciao, Aldo: ti ricordi di me? - la Cantarini, moglie del prof di specializzazione, si era materializzata come un giaguaro seminudo che sbuca da una giungla di pizzo.
- Ciao, Angela. -
- Come mi trovi? -

Una panoramica impicciona, spinta fin dentro la scollatura e sulla gonna dallo spacco altruista, lo fece sbottare in un - Benissimo! - di sano entusiasmo
La memoria lo riportò alle vigilie degli esami più tosti, quando casa Cantarini era frequentata dagli specializzandi e, tra le molte occasioni, a quella in cui lui e lei si erano trovati in bagno a baciarsi forsennatamente. Purtroppo, e vaffanculo l'umanità intera, troppo presto interrotti dal querulo arrivo dei gemellini suoi figli.
- Anche tu sei sempre bello. Ti ricordi dei miei bimbi? Ragazzi, salutate il dottor Bellini. -
Ancora loro, i gemelli guastafeste: agghindati come piccoli lord, uno in verde l'altro in blu, ormai sui dodici o tredici anni - Buonasera, dottore. - dissero all'unisono.
- Ciao, pupi. -
Spuntò anche il professore - Oh, Bellini: come va la vita? Ti seguo sempre e mi si dice che lavori bene: me ne compiaccio! Stasera non perderti il mio intervento sulle Posologie di Rispetto, mi raccomando. -
- La seguirò con attenzione, professore, con molta attenzione. - ma pensando a posologie rispettose solo della propria minchia. Lei gli strizzò l'occhio: s'erano ben intesi, i due fornicatori.
Fortunatamente Beati li spiava; ad Aldo bastò un gesto per comunicargli che Barbazza non si curava del pericolo Santini. Recepito il richiamo, Beati si avvicinò ai piemontesi e Aldo poté tornare a rimirare la pelle abbronzata ed esposta, a percepirne la lusinga.

- Caro Bellini: i tedeschi sono in gamba! Quante aziende possono fare altrettanto in tempi come questi? Eh? - riferito alla potenza palesata dal rinfresco.
- Parole sante. - ma fregandosene a palate.
- E per dare lustro alle presentazioni sanno a chi rivolgersi: - sottintese se stesso - questi hanno la testa! -
Il prof avrebbe fatto meglio a pensare alla sua, di testa.
- Credo che l'Italia sia il mercato idoneo per introdurre una nuova disciplina tesa a distinguere le sfere di competenza dell'Optometria, della Farmaceutica e della nostra Oculistica mai così lanciata verso mete che ... -
- Converrà avvicinarci al palco, caro: stanno preparando la scaletta degli interventi. - meno male che la moglie Angela lo aveva bloccato.
- Non vi trattengo oltre. La ascolterò con l'interesse di sempre, professore. Mi aspetto un intervento dei suoi, a testa alta e col sole in fronte. - che presto avrebbe avuto qualcosa in fronte, beh, doveva dirglielo.
- Certo, figliolo! Sono i momenti in cui chi ha studiato una vita ha il dovere di mettere gli altri a conoscenza del bagaglio di nozioni che, negli anni, egli ha app ... -
- Ci vediamo dopo, Aldo. - lei, opportunamente a ficcare nel becco saccente uno straccio imbevuto di gasolio.
Lui guardò le scalette verso un ballatoio che, dopo aver seguito un lato del perimetro della sala, sparisce verso l'incognito. Furtivo, gliele indicò con un gesto del capo: lei seguì il suo sguardo e intese il messaggio - A dopo. -
Intanto, Beati e Barbazza s'erano ricongiunti; l'uno rimproverava l'altro di essersi perso in scemenze - C'è Santini all'opera e tu ti distrai con i mai-estinti!-

- Erano anni che non vedevo Ettore e il dottor Sinibaldi, dovevo salutarli. Cosa avrebbero pensato se io non ... -
- Tu lasci incustodito il Santini solo per salutare due rincoglioniti? -
Intanto il quarto, circondato da carampane entusiaste, avanzava inarrestabile - Oh, mia diletta: anch'io adovo l'avte modevna! La maggiov pavte dei miei pezzi pvegiati pvoviene dal concettuale. Il mio fovnitove di voba oventale sostiene che il sottoscvitto sia un folle, uno scviteviato, ma a cevti vichiami come si può vesisteve? -
Aldo se la rise: il solito finale alla gag, quello che il suo stesso intervento avrebbe imposto, poteva impaurire; ma valeva sempre la pena affrontare il probabile disordine pur di vederlo in azione.
Quando vedi Santini prendere per il culo i figli del Capitale è come farsi testimoni della Grande Rivalsa Socialista.
Meglio mettersi in azione, però, prima che sia troppo tardi
- Professor Santini, la prego di seguirmi. - Aldo entrò in scena - È desiderato al telefono dal direttore della Newton Fondation of New York, capitale sociale una barca di miliardi. - così ben imbeccato, l'altro non avrebbe fatto storie a mollare l'osso.
- La Newton? Quella che c'ha una bavca di miliavdi? Avvivo! Mi tvovo vieppiù costvetto ad accomiatavmi da voi ... brrrutte baldrrracche da cirrrco! -
Qualcuna lo salutò con simpatia, mentre le più sveglie si disposero all'insulto; Aldo, come una saetta, lo prese sottobraccio allontanandolo in fretta.

Ridendo come scimmie raggiunsero gli altri. Beati - Mi sono perso l'uscita di scena? Noo ... Come le ha chiamate, di', come le ha chiamate? -
- Brutte baldracche da circo. Da circo, ti rendi conto? - rispose Aldo in lacrime.

Sempre tenendo d'occhio Santini i tre si appartarono a mangiucchiare due tartine, mentre sul palco avevano preso la parola gli informatori più zelanti.
- Aldo, ti ringrazio per prima: speronando il manzo mi hai salvato il culo.
- Come s'è messa con la Cristiani? -
- S'è deciso che durante il ballo lei seminerà il coglione, così ce ne andiamo su ai cessi. -
- Mooolto romantico. - commentò padrepio.
- Stai zitto, tu. Piuttosto, Aldo, - proseguì - ti ho visto brillante con quel tubero bollente della Cantarini: stasera falle barba e capelli, mi raccomando. -
- La monto all'inglese. -
- Anche tu nei cessi, Aldo? Stasera quella delle mance si fa il visone. Però tirate la catena, tanto da darle una soddisfazione: non si vive solo per il denaro. - Barbazza stava carburando.
Beati riprese - Pensa che l'altra volta ho visto il Fiazza; lui abita vicino ai Cantarini e dice che li vede andar via, in macchina, lui e lei la sera tardi. Li ha beccati nel piazzale dove vanno i guardoni, gli scambisti, quei fenomeni lì, ed è pronto a giurare che il vecchio porco faccia salire dei giovanotti e che lui si goda lo spettacolo. -

- Fiazza ha fama di cacciaballe costruita in anni di puttanate: ti ricordi di quella volta che diceva che con i chewing-gum aveva vinto la Mini Cooper, e che mentre ce lo raccontava era alla fermata ad aspettare l'autobus? -
- Fammi finire. Dopo la performance, i Cantarini se ne vanno. Fiazza decide di pedinarli, monta in macchina ... -
- Sulla Mini Cooper? - ancora il perfido Barbazza.
- Taci! Allora: lui al volante e lei dietro, vanno verso l'aeroporto a scegliersi una nigeriana. Caricano la più eccessiva, la mettono vicino alla signora e via a casa! Ti rendi conto? L'ha fatta scegliere a lei! -
Giulio - E poi? Ha visto che la riaccompagnavano oppure ce l'hanno ancora a casa, a libretto come colf? -
- Tutte cazzate, non ci credo. -
- Sarà, - rispose scettico - ma guardatela adesso: vi sembra non abbia in repertorio certi colpi? - seduta presso il palco, Angela parlava ai figli; a giudicare dal crocchio di maschi raccoltosi davanti a lei c'erano buone possibilità che desse spettacolo - Sono sei o sette quelli che al momento le sbirciano le mutandine. -
- Sempre che le abbia. - dovette convenire padrepio.
Santini in avvicinamento, bicchiere alla mano - Avete visto che culo si ritrova quella racchia ingioiellata più di Sant'Orazio? Il suo culo mi ricorda l'autostrada dei trafori, il suo culo mi parla d'amore. Mi sento l'uomo che sussurrava al culo dei cavalli. La puttanessa mi fissa da venti minuti: lì per lì mi sembrava mia zia evasa dal manicomio, poi mi s'è fatta accettabile e adesso me lo intosta assai. Curioso. Sarà grave? -

- È la moglie del tedesco, minchione: se ci fai lo scemo e ti beccano i gorilla, grave lo diventi tu. - lo avvertì Beati.
- Sempre detto: gli animali sono belli, ma devono starsene nella giungla. - e riprese a girovagare a cazzo.
Li raggiunse la Cristiani - Quello che era qui è un vostro amico? -
Fu Aldo a rispondere - Beh, è un collega ed anche un amico. - ammise - Perché? -
- Al guardaroba mi ha infilato una mano nella scollatura, in altre parole sul culo. Alle mie rimostranze s'è giustificato dicendo che al suo paese, non so se la Lettonia o la Lituania, lo fanno per augurarsi Buon Appetito. Strano tipo. -
- Dai, Cristiani. molla l'eunuco. - Beati aveva l'ormone avvelenato dallo smog - Non resisto fino al ballo. -
- Cosa m'è venuto in mente di farmi accompagnare da quello? Ce l'ho sempre tra i piedi, mi manda i fiori, mi porta a vedere il mare, a vedere la luna ... -
- Vuoi mettere Beati? Lui ti porta a vedere la tazza del cesso. - diavolo di un Barbazza.
Qualcuno al microfono chiese silenzio - Un momento d'attenzione, prego. - il vociare andò spegnendosi - Solo un momento, grazie. -
Non appena smorzato il brusio, qualcuno scagliò nel cosmo il rutto perfetto. Alcuni risero, molti ne furono a disagio. I tre si guardarono in faccia prima di sbottare: non c'era dubbio su chi ne fosse il raffinato interprete.

-

Mentre presentavano il prodotto, il collirio da buttare in ricetta, Aldo avvicinò la Cantarini facendosi largo fra gli intellettuali dell'intimo.
- Buonasera, dottore. - lo accolsero i gemellini.
- Ciao, ragazzi. Dimmi, Angela: s'è saputo per quando è previsto l'intervento del marito professore? -
- Nella prima pausa dell'orchestra. A giudicare dai fogli che si porta dietro, credo tenga un discorso lungo, lungo, lungo. - gli aveva detto tutto.
- Non vedo l'ora. - le aveva risposto tutto.

Tornando sui suoi passi, quando già la schiena della Cristiani ne provocava i bassi impulsi, Aldo fu intercettato da una signora sulla sessantina, di bianco vestita e dal seno di dinosauro - Ciao, bel giovane. Io sono Bianca di Treviso: ho saputo che questo palazzo ha delle terrazze superbe. Ci facciamo un salto, tu e io, eh? - gli strizzò l'occhio.
- Superbe, sicuro, ma per vederle al meglio è indispensabile che grandini a mitraglia. - si dileguò.
La schiena della collega Cristiani, mostrata fino alle chiappe, divenne irresistibile. E lei, entità troiace, se ne accorse - Ehi, Aldo: come va la caccia? - pur se compresa tra Beati e Giulio, lo sguardo a corredo fu libidinoso.
- Mi muovo come il leopardo, attento alle trappole e teso al risultato. - a rinforzare il concetto, Aldo ci piazzò due occhi da porco di tettoia.
- Sicuro che la pista sia una sola? - lei, furba come una scrofa in bikini sul dirupo; la cosa si faceva spinosa.

Eccitante, ma spinosa. Spinosa, parecchio, ma eccitante. Eccitante, anche se spinosa.
Aggiungerei eccitante, ma pure notevolmente spinosa.
- Notizie del tuo cavaliere? -
- Ha incontrato Sinibaldi e un altro vecchio docente, tal Ettore, e si è fermato a salutare. -
- Quei due sono implacabili. Hai sentito, Barbazza? Se non stai in guardia, finisce te li inculano. - Beati dixit.
- Cercherò di riguadagnarli con mie le sapienti mani, mani capaci di regalare porzioni di eternità anche a due mummie rantolanti. - padrepio si espresse in volgare.
- Sarà meglio che io mi riavvicini al mio accompagnatore. See you later, boys. - si allontanò a tutte natiche.
I tre presero a muoversi, giusto per seguire gli sviluppi e intanto bere qualcosa, mentre dal palco arrivano i discorsi meno interessanti del pianeta. L'orizzonte propose loro il temutissimo Profumo, un collega petulante e idiota.
- C'è quel nano di Profumo! Io non lo reggo, ragazzi. -
- Ostentiamo sicurezza: se funziona con i grizzly, perfino quando gli danno fuoco alle mutande che hanno indosso, funzionerà anche con lui. -
- Mah, proviamo. -

Non funzionò. Profumo prese a citare gli ultimi articoli in inglese del *American*, chiedendo se loro li avevano trovati esaustivi. Lui, astuto, aveva preferito integrarli con studi russi appositamente tradotti dall'originale.
Profumo è l'umanoide più pesante da trovarsi appeso alla ciolla: sul prosieguo della serata si allungavano sottili ombre marroni.

Dal palco - Non intendo rubarvi altro tempo. Per ogni chiarimento gli informatori sono a disposizione nello stand della Farmaceutica. Vi consiglio di non abbuffarvi di tartine: sta arrivando la gastronomia tedesca, roba squisita! Lascio il palco all'orchestra. Nella pausa, poi, interverranno i professori Haan, Schulze e lo stimato Cantarini. Buon appetito e buon divertimento. -
L'applauso giunse puntuale come un peto al Cynar.
Il rompicoglioni riprese da par suo - Non vedo l'ora di ascoltare il collega olandese. E pure Shulze, anche se ripete sempre le stesse cose. Cantarini, invece, a modo suo è imprevedibile: non sai mai cosa gli venga in testa. -
- Lo sappiamo noi cosa gli arriva in testa. - Giulio.
- Come dici, Barbazza? -
Aldo vide Santini in transito, apparentemente sfaccendato
- Ragazzi, ho un'idea: torno sùbito. - spifferò.
Aldo assaporò la libertà e fu tentato di disinteressarsi dei due pellegrini gravati da cotanta zavorra sulla fava; poi si ravvide e avvicinò Santini - Oh, guappo, cosa combini? -
- Pausa tecnica, Ho beccato la racchiona, mentre il marito era sul palco. Intravedo possibilità di riuscita: la regina non capisce un cazzo d'italiano e ciò mi avvantaggia. Quella a letto dev'essere peggio di un reggimento di iene! Devo solo scovare il posto dove tirarle su il vestito e pugnalarne le carni basse, il posto dove levarle i gioielli e guarnirmici l'uccello, insomma ove consumare il rito pagano. Ho visto che di sopra c'è un dedalo che ... -
- Un dedalo? Perfetto! - lo interruppe Aldo - Ho bisogno di un piacere: lo vedi quello che parla con i ragazzi? Si chiama Profumo: hai presente una pompa fatta da un

teschio? Lui è peggio. Trova una scusa. portalo con te alla ricerca del posto che ti serve e abbandonalo il più lontano possibile. Fallo e sarai degno del regno dei cieli. -
- Tranquillo, Aldo, il problema è alle spalle. Lo coinvolgerò nella ricerca della selva nera. - schiarì la voce e prese a gridare - Ma quello non è Profumo? Profumo di merda: mio diletto! -
Innescando nientepopodimeno che Santini, l'artiglieria pesantissima, l'incubo-Profumo poteva dirsi svanito come olezzo al sole piovano: questione di un minuto e i ragazzi sarebbero tornati allo stato brado, calvizie al vento.
A sorpresa, la Cristiani lo prese sotto braccio - Finalmente un cavaliere degno di questo nome. -
- Cosa ci fai a piede libero? Se il tuo accompagnatore mi riconosce come l'uomo che lo speronò a tribordo, mi spacca la faccia. -
- È sceso in pista e sta facendo ballare ... -
- Ettore? -
- No, la signora Botta. - intanto la collega lo tirava dietro ai cartelloni con su gli occhi blu e la boccetta di collirio.
- Cristiani, che cazzo fai? A destra hai il manzo ufficiale, a sinistra c'è Beati che non vede l'ora di darti alle stampe e ancora non ti basta? -
Due passi e furono semi-nascosti - Non fare il timido, ho visto come mi guardavi il popò. Vuoi giocarci? -
Lui impugnò le rotondità, lei prese a baciarlo - Ti piace il mio vestito? Ha di bello che scende in un lampo e che sotto non c'è alcunché. -
- Capo dal grande valore paesaggistico. -

Cominciarono a denudarsi, ma erano solo appena ritirati dalla calca e tutti i momenti faceva capolino qualcuno che dava un'occhiata alla natura del tafferuglio in corso. Addirittura un tizio di cui Aldo vide solo le ginocchia arrivò a dirgli - Ciao, Bellini, salutami i tuoi. -

- Adesso stai buono. Il brano è finito e non possiamo rischiare che ci scovino insieme. Tienimi d'occhio e, al segnale, ci incontriamo alle toilette di sopra: intesi? -
- Con Beati come la mettiamo? Tu e lui siete d'accordo. Con che coraggio soffio la preda a un amico? -
- Io mi libero del manzo e tu di Beati. A dopo. - si eclissò.
Per qualche secondo Aldo fu preda di rimorsi poco sentiti; ripreso il coraggio, raggiunse gli amici; proprio Beati si complimentò con lui - Tu sei un genio: un genio! Prima lo speronamento del manzo, un capolavoro, e poi la mossa-Santini per disinnescare Profumo. È un piacere trovarti in forma. Pensare che sembravi irrimediabilmente bollito dopo che ... dopo che ... ehm, dopo che ... -
Imbarazzato dalla gaffe alle porte cercò aiuto in Giulio, trovandolo impreparato al punto che questi riuscì a dire solamente - Dopo ... la caduta del muro sul belino. -

Angela Cantarini stava ballando col figlio verde, ma non passava un solo minuto senza che qualche sciagurato non le proponesse un giro di danza. I tre compari avevano raggiunto la pista da ballo - Se al mondo c'è una creatura pensata per il materasso è la Cantarini! Stasera te la vanghi all'ortolana. - Beati si fece meditabondo - Sono

preoccupato per la Cristiani: dovremmo essere prossimi all'uccellagione e io l'ho persa di vista. -
Barbazza, vedetta occasionale, la scorse ballare con lo spasimante - Su con la vita, Gianfranco: l'eroina del tuo mini-escavatore è trenta gradi a babordo adagiata tra le braccia di Sartana, il pistolero figlio di una puttana. -
Lei guardava nella loro direzione.
- Speriamo che Santini non stia uccidendo Profumo. -
- Speriamo che lo stia uccidendo. -
- Speriamo che non ci faccia uccidere tutti. - Aldo - Quel caino cerca il posto dove scannare la moglie del crucco: prevedo disordini. -
Intanto arrivava ai tavoli la gastronomia tedesca, roba impastata da una betoniera senza una zampa.
- Saranno involtini o camere d'aria? -
- Il cocktail è salato: avranno usato acqua di mare? -
- È come infilare la cannuccia nella vasca dello stoccafisso e aspirare. -
La poppuxta signora di Treviso s'era catapultata su una vivanda a cui veniva difficile trovare un nome. Aldo si fece perfido - Forse ho scovato la compagna della tua vita, Giulio. - Aldo la avvicinò - Scusa, Bianca di Treviso: il mio amico Giulio smania dalla voglia di visitare le terrazze. Non è quello che faresti anche tu? -
- Prima balliamo, giusto per smaltire un etto di tartine. Andiamo, bel pelatone! - lei ghermì Giulio.
Preso per mano, l'attonito Barbazza si trovò in pista; fece appena in tempo a sussurrare - L'ultimo Zeppelin non s'era schiantato sulle Alpi? Vabbé, voi fatemi ciao con la manina. - si rassegnò alla barbarie.

- Grande, Aldo! Sei tornato quello di sempre. Ah ah ah ! - nel vorticare della danza, Giulio era Achab legato al dorso di Moby Dick.
La Cristiani si liberò del derviscio rotante, guardò Aldo e puntò le scale. Per fortuna Beati non si avvide della mossa poiché, nel contempo, si udì il bordello di piatti che volavano per le terre. Aldo colse l'occasione - Laggiù è in atto una zuffa: che sia Santini? Corriamo a vedere! - Come Beati si mosse, lui lo seguì due passi per poi rallentare e confondersi con la gente; dopodiché, quatto, prese la scia della fedifraga.
Dalla sommità della scala diede un'occhiata nella zona di Angela Cantarini; un giovanotto abbronzato l'aveva sottratta al gemello verde e adesso la coppia ballava un tango. Il tipo le parlava all'orecchio e, a giudicare dalle smorfie di lei, l'argomento non parve riferito ai cortometraggi scandinavi del primo dopoguerra.
Una strizzatina d'occhio a lady-cesso, dieci euro nella vaschetta e Aldo penetrò nella toilette delle donne; la fretta di togliersi dall'antibagno gli fece travolgere il portaombrelli in ottone - Bong!- colà declassato al rango di cestino dei rifiuti - ... fanculo. -
Dalla penultima porta della schiera di camerini, di fronte ai lavabi e allo specchio, la Cristiani gli sorrise invitante.
Un baleno e si avvinghiarono smorfiosi - Vediamo cosa hai portato. - lei mosse mano inquirente.
Lo spazio era poco e la scena aveva del grossolano; ogni tanto una tirata di sciacquone contrappuntava il loro ansimare - Lasciati fare quello a cui penso da mezz'ora. -

Lei si dispose alla bisogna e lui, uomo di parola, cominciò volenteroso.
Dopo pochi minuti di intimità, però, una voce echeggiò da fuori l'antibagno - Gabriella? Fai presto, che l'orchestra sta andando forte! -
- Lo sapevo, è venuto a cercarmi. - lei, in un sibilo.
- Vado forte anch'io, no? -
- Cosa gli dico? -
- Digli Esco sùbito, ho quasi finito. - le suggerì ansante.
- Esce sùbito, ha quasi finito. - disse forte lei.
Poco dopo, sulle note della rapsodia di Sciacquinskij, la Cristiani sorse dal camerino per rassettarsi davanti allo specchio; tre colpi di dita a rastrello per ravvivare la piega e raggiunse il manzotin.
Aldo fece capolino; non vedendo nessuno, decise di azzardare una risciacquata del corredo.
A metà operazione da un cesso chiuso spuntò un'ottuagenaria che, complice lo specchio, si trovò ad assisterlo - Lei cosa ci fa nel bagno delle donne? Non mi verrà a raccontare che quello che ha in mano è un assorbente interno, vero? -
Pur se stanato Aldo si confermò un artista e, continuando l'abluzione, le chiese compito - Do you speak english? -

- Dov'eri? Pensavo che fossi con la Cantarini, ma poi l'ho vista con un pappagallo abbronzato. - Beati lo accolse.
- Scusa, mi sono incastrato in una situazione torbida; hai poi scoperto la natura della sommossa? -
- So che uno di Saronno ha tirato a Santini un piatto di tartine, ma non sono riuscito a ricostruire l'accaduto. -

Chiesero lumi al protagonista, colto in transito occasionale - Cosa è successo poco fa davanti al buffet? -
- Quando? Ah, sì: ballando uno shake, a una tizia è fuoriuscita una tetta e io ho cercato di rendermi utile. -
- In che modo? -
- Partecipando al rinfodero dell'oggetto. Solo che il suo ganzo s'è incazzato e mi ha bersagliato con delle porcate cementizie, credo fossero strudel. Eppure gli stavo spiegando che ero lì per puro spirito di servizio. -
- E tu che hai fatto? -
- L'ho ripetutamente colpito con un tonno biscottato finché lui non è finito a rotolare su dei wurstel grossi come tapiri: a quel punto ho fatto perdere le mie tracce. -
Sulla pista, Barbazza in gita fece ciao con la manina; gli amici risposero al saluto del aerotrasportato.
- Buone notizie, ragazzi, per chi desidera un poco d'intimità. - ancora Santini - Oltre l'ammezzato si schiude un habitat magico fatto dal saliscendi di scalette, terrazzini e logge. È ciò che serve per accoppiarsi con la moglie di quel crucco di cacca, ma anche per le avventure minori di voi scostumati. La terra promessa è là, dove gli uccelli volano a ottanta centimetri dalle piastrelle. - prese congedo, inabissandosi nel vortice.
- Quello si mette nei casini. - Beati, per un momento consapevole.
La Cristiani diede le chiavi della macchina al suo accompagnatore, dopodiché gli mimò il modo per aprire un bagagliaio sotto i sedili dietro: forse aveva trovato la scusa buona per levarselo di torno. Difatti, come il manzo si allontanò al piccolo trotto, la ragazza volse lo sguardo

malizioso e s'incamminò. Beati non poté che interpretare la cosa come il segnale atteso - Squillino le trombe! Si sguainino le spade! Peccato che mi scappi da pisciare. Vabbè, sarò comunque al cesso, no? -
Mentre quello partiva a razzo, lei da sopra guardò Aldo un poco delusa. Lui aprì le braccia, per dire *cosa potevo fare?* la Cristiani alzò le spalle intendendo *pazienza* ...

Aldo si mise sulle orme di Santini per chiedergli dove avesse occultato il cadavere di Profumo. Andando tra la gente scoprì che qualcuno parlava davvero di lavoro: c'era chi citava l'articolo di pincopallino, chi si vantava di aver risolto un caso spinoso e chi, attiguo a qualche professorone, avidamente ne leccava il culo.
Meglio non restare solo, però, per non spezzare l'incantesimo, per non smarrire la grinta ritrovata.

Santini sembrava scomparso, eppure Aldo aveva davanti la regina ingioiellata e dunque il fregnone non poteva essere distante. Sul palco il gruppo aveva preso inflessioni intimiste, per meglio interpretare un brano di Tenco dato in pasto come *lento da struscio*. La Cantarini, abbandonato l'abbronzato, ballava col gemello in blu.
D'un tratto il cantante s'interruppe e il microfono esaltò un oscuro tira e molla. Dopo i crack dall'amplificatore, una voce negroide ululò *Vorreilapelleneeera!* qualche rumore ancora e il cantante riprese il brano: il golpe canoro del Santini era abortito.

-

- Il cantante ha la forza di venti braccia! Ma appena lascia incustodito il microfono, io ci grido dentro finché non mi piscio addosso! - la vista della tedesca lo distolse dai propositi di frontiera, consegnandolo ad altri - Ecco la mia preda. Guarda che belle gambotte, abile Aldo, che paniere. Pensare che mi faceva schifo. Siamo d'accordo che quando il marito bavarese sale sul palco noi due giochiamo agli allegri spiedini. La ingroppo con vista sui tetti finché non raglia a squarciagola: sentirai che music! -
- Con tutte le donne che ci sono devi importunare l'unica che gira con le guardie del corpo? Fai come ti pare, cazzone che sei, ma non credere che io venga a difenderti. Piuttosto: dove hai lasciato Profumo? -
- Chi è Profumo? -
- Quello che ti ho incaricato di seminare. -
- L'ho imprigionato in uno sgabuzzino ai piani alti, naturalmente dopo aver controllato che la porta non avesse la maniglia interna. Quando ce ne andremo, stanotte, dirò a un inserviente di controllare da quelle parti. - pausa sulfurea - Che fine ha fatto Beati? -
- È sul pezzo. Località-cessi, soggetto la Cristiani.-
- Quella a culo fuori? Niente male: e tu? -
- Mi sono già distinto e sono sul punto di rifarlo. -
- Come va, pappagalli? - era spuntato Giulio.
- Balli più stasera che in tutta la tua vitaccia. - Aldo.
- E lei non perde occasione per manipolarmi il pistacchio. Se non sto all'erta finisce in porno-tragedia. -
- A quando i fiori d'arancio? -
- Non si sente pronta, è ancora così giovane... -

Finirono a ballare col gruppo di Treviso; per agevolare l'ignobile Santini, Bianca invitò alle danze la tedesca in rosso: a gorilla scomparsi e a nazista dietro le quinte, tutto sembrava propiziarlo alla riuscita.
Aldo si trovò accanto la Cantarini, scatenata nel ballo assieme ai figli inebetiti dalle prime seghe.
- Buonasera, dottore. - prima uno e poi l'altro.
- ... e buonasera, ragazzi! -
Angela zampillava lussuria in ogni movimento, in ogni sguardo. Capitanati dal giovanotto dismesso ballerino, l'orda di ingordi ronzava nelle vicinanze come uno sciame di mosconi sullo stronzo di un neonato.
- Non ti senti osservata? - chiese Aldo.
- Se non esagerano, la cosa regala un sottile piacere. -
- Ne avevi un plotone davanti, quando eri seduta: credo apprezzassero l'intimo, che immagino essere delizioso. -
- Hanno la vista di falco, allora: sai, è piccolo piccolo. -
In quel girone infernale parlare era un casino e certe cose non si possono urlare. Proseguirono a spizzichi e bocconi.
- Sei geloso? -
- Follemente, e follemente smanio. -
- Cosa mi faresti? - lei.
- Ti mangio viva! Se penso a quella volta in casa tua, nel bagno, alla voglia che avevo ... ho passato anni a desiderarti, Angela. -
- Ancora pochi minuti e mi avrai. -
- Ti voglio nuda! -
- Eh eh. - rise - Spero di non deluderti: sono passati dieci anni e, con le signore, il tempo sa essere inclemente. -
- Con te fa eccezione. -

E via con robaccia di questo tenore, finché il figlio blu non le segnalò che il prof la reclamava dalle quinte. Angela lo raggiunse per una breve bisbigliata, dopodiché tornò in pista - Mio marito vuole che io salga con lui sul palco. Dice che gli faccio fare bella figura. -
Sul pene di Aldo si allungò l'ombra della spada di Damocle, celebre salumiere di Siracusa - Non voglio. -
- Niente paura: gli dico che mi vergogno. Anch'io è dieci anni che aspetto. Tu tienimi d'occhio e, quando lui sale sul palco, sii pronto: l'appuntamento è all'ammezzato. -
-
Con in mano un maglioncino rosa, indispensabile quanto una cornamusa data la temperatura, il manzo rientrò alla base. Lo si vide avvicinarsi alla pista, cercandola con l'occhio vitreo che più vitreo non si può. Aldo elaborò una strategia conservativa - Giulio: raggiungi l'antibagno all'ammezzato e grida ai quattro venti che il manzo ha fatto ritorno. Vai tu, perché quello mi conosce e se mi vede salire potrebbe insospettirsi. -
- Mi fiondo sparato. - come il missile prese le scale.
- Dove va di così gran carriera il mio amato Giulio? - chiese l'apprensivo abitante degli oceani.
- In bagno. -
- Con quello sprint? -
- Proprio così, mia cara; l'argomento mi addolora, ma Giulio soffre di pervicace dissenteria amebica. Si tratta della malvagia eredità di un suo prolungato soggiorno presso le tribù dei boscimani carteggiatori. Non te ne ha ancora parlato? Beh, siete insieme da così poco … Adesso che sai, tu stagli vicino. -

Quando Barbazza tornò alla base, di certo non poté capire l'espressione compassionevole con cui lo accolse la sua promessa sposa.

Le lancette girano tutte, anche quelle degli orologi dimenticati sul comodino; il lurido guitto sopra il palco annunciò che, finito quel brano, avrebbe avuto luogo l'approfondimento; dagli amanti in latrina, però, ancora nessun segno - Sei sicuro che ti abbiano sentito? Sulla carta dovrebbero già essere già qui. - let's twist again.
- Non ho scandagliato i cessi, Aldo. Mi sono limitato a fare capolino nella toilette delle donne, gridando ai quattro venti fetenti che *il manzo è tornato*, che è già abbastanza per fare una discreta figura di merda. - zan zan e il twist conobbe cristiana sepoltura.
L'accompagnator girovago dava segno di spazientirsi.
- Gentili colleghi: sono lieto di presentarvi l'occasione di approfondimento che alcuni tra i professori più in vista del panorama europeo vogliono offrirci. Accanto ho il nostro ospite, il dottor Hooghendorf, che terrà a battesimo il simposio. Ogni relatore ha preparato un intervento su temi d'interesse comune. Dopo ognuno di questi saranno gradite le vostre domande. Per gli stimati colleghi olandese e tedesco ci avvarremo della traduzione della signorina Responi, che invito a salire sul palco. -
Il presentatore venne raggiunto da una mora tutta-curve.
- Rasponi: nel nome, una missione. - convinto applauso da mani provvisoriamente sottratte all'onanismo.
- Si chiama Responi, Santini. - lo corresse Giulio.

Pur se in preda allo sghignazzo, Aldo si avvide che lo spasimante della Cristiani saliva in direzione dell'ammezzato Occhio: la situazione s'ingarbuglia. -
- Anche qui. - rispose Barbazza - Sono in pensiero per la mia virtù. - così dicendo abbassò lo sguardo, indicando la furtiva mano veneta intenta a rovistargli la luganega.
Col nazista sul palco, la regina prese le scale seguita a ruota da Santini che, al volo, dichiarò - Guardatele il culo com'è, perché dopo non lo riconoscerete più. -

Dal ballatoio dell'ammezzato il capro spiatorio mirava tra i flutti danzanti: in mezzo ai molleggiati egli cercava l'amata, al momento impegnata in altre piroette. Lassù a scandagliare torvo, il volto grifagno incarnava il ritratto della calma che precede la tempesta.
- Non sono tranquillo, Giulio, non lo sono per niente. -
- Neanche io. - rispose il manipolato.
La sala si dispose a seguire l'intervento di Haan, un Giucas Casella biondo che bacchetta alla mano prese a tormentare un occhio grande come il pneumatico di un tir; il dottor Haan vantava la voce del clacson, cui forniva contrappunto il cinguettio della Responi.
- Ha una voce che è cento gessi sulla lavagna. -
La rossa regina superò il ballatoio per salire al dedalo, con Santini che la seguiva atteggiato a ignaro fischiante. Con lo sguardo al diamante, il nazista la pedinò passo passo e diede un'occhiata all'orologio.
- Hai visto? Le ha preso il tempo! -
Col disappunto dei guardoni, la Cantarini si alzò dal posto; i capezzoli le frizzavano come palombari in una

pozzanghera somala. Guardò Aldo come la gatta guarda il topo quand'è Gigio e fece abbassare il marito, tronfio in attesa del suo turno, per sussurrargli una cazzata. Dopo il conciliabolo, si fermò dai gemelli ad argomentare chissà cosa; l'operazione richiese più tempo perché i ragazzi avevano di che questionare.
- Ci siamo, Barbazza: i tempi sono maturi. -
- Sono maturi perché scoppi un casino: guarda là. -
I gorilla, raccolto l'invito nazista, a sguardo truce ricevevano poco pacifiche disposizioni - Ci siamo. -
Santini era ufficialmente wanted, mentre l'accompagnatore della Cristiani, rotto ogni indugio, mosse passo adirato verso le toilette.
Prima che Aldo potesse formulare un'ipotesi d'intervento, Angela Cantarini si mosse avvicinandosi alle scale.
Al suo sguardo prodigo di mute domande, Giulio rispose - Non ci pensare, Aldo; non puoi farci niente. Segui la Cantarini e vai a Dar es Salaam. -
Dopo i muggiti di Haan, la voce della bambola assassina cominciò la traduzione relativa.
- Sì, però ... - ma, a quel punto, cosa fare? Angela era già scomparsa nell'ignoto, mentre le due situazioni scabrose avevano preso una piega per cui ogni tentativo d'intervento pareva inutile in partenza - Hai ragione, io m'incammino. Tu fai un salto ai cessi e, nel caso il manzo avesse già tra le mani il collo di Beati, sappi che dietro la porta del bagno delle femmine c'è un portaombrelli d'ottone che potrebbe esserti utile come corpo contundente che fa tanto rumore e poco danno. Vai! -

Il pover'uomo si mosse, con davanti a sé la poco allettante prospettiva di dover prendere qualcuno a portaombrellate.
- Va in bagno? - chiese triste la veneta.
- Sì, è la maledizione di Montezuma; tutto ciò che entra deve uscire alla svelta e con l'accompagnamento di un giubileo di tromboni a coulisse. -
- Non era dissenteria amebica? -
- Quadro clinico composito ... eh, pazienza. - voltafaccia dal mesto al frettoloso - Scusa, mi assento un attimo. -
-
A metà scala, Aldo dovette cedere il passo ai gorilla lanciati in caccia della sovrana meretrice e del paggio servente; se non altro, ad altro titolo, il placido via-vai dalla zona bagni dava l'impressione che non vi accadesse nulla d'anomalo.
Oltrepassato il valico, la geografia muta radicalmente: la scala maestra si biforca in due ballatoi distinti che, a loro volta, originano scale più piccole. Sulla sinistra inizia il corridoio principale da cui se ne diramano altri, probabilmente verso le stanze e i terrazzi come da descrizione del Santini: da quelle parti, parrebbe, trovare chi s'è nascosto non è per niente facile.
La voce di Haan si sentiva ancora ma, a seconda se Aldo si trovasse qui piuttosto che lì, cominciava ad arrivargli la musica dagli altri locali nel palazzo.
Bella veduta d'insieme - Bella, ma Angela dove sarà? -
Aldo avvertì un bisbiglio e ratto avvicinò la fonte del dialogo silenziato.
- Dai, ancora un bacetto. -

- Fatti bastare il numero di telefono. Sta arrivando il mio amante e non voglio casini. E mi raccomando: niente telefonate, ok? Solo messaggi! -
- Non vuoi casini con l'amante o col marito professore? - La voce femminile era Angela, quella maschile non si sa.
- Non voglio casini e basta. Adesso torna giù. -
- Dai, ancora un bacino, per favore... - disse il tale con la voce lamentosa di chi trova divertente fare il bambinetto.
- Smettila. Sparisci! - rispose lei, scocciata.
Aldo si infilò in una rientranza coperta da una tenda; oltre la porta a vetri era in corso una festa di giovani, forse il compleanno di un rampollo della borghesia cittadina. Due biondine, ritrovandosi Aldo a un palmo, gli fecero ciao ciao e risero; lui fece la linguaccia e tornò a occuparsi della scena al di là del tendaggio.
- Abbassa ancora il corpetto e me ne vado, parola mia. -
- Toh! - pausa - Adesso vattene. -
- Più tardi ti mando l'sms di buonanotte, mia fata. -
- Fata, vocina, sms di buonanotte: questo è scemo. - Aldo, nascosto e schifato.
Lo scemo passò vicino alla tenda che celava l'origliator cortese. Ad Aldo bastò mettere fuori un occhio per vedere il capitano dei guardoni nonché granduca della lampada abbronzante tornare verso il rinfresco.
Angela passò dalla sua postazione nascosta, ticchettando verso un posto meno *introvabile*. Dall'altra parte del vetro la festa si mostrava fiacca; certi oscillavano al ritmo imposto dal dj, ma le loro espressioni parevano annoiate.
Forse era la luce a snaturare ogni cosa: una luce possente come alla festa di sotto, come in quegli stessi corridoi.

Una luce così ti può schiacciare, se non ci stai attento.

Le arrivò alle spalle - Ah, ti aspettavo da sotto. - Angela trasalì di disagio, temendo fosse accaduto l'accaduto.
Aldo le cinse la vita e Angela si ritrovò il corpetto nuovamente abbassato. Il seno manteneva le promesse, sebbene fosse chiaro che un chirurgo lo avesse risistemato - Troviamoci un posto, qui potrebbe passare qualcuno. - intanto lui le baciava la silicon valley, certo che anche da lì fosse appena passato qualcuno.

Haan terminò l'intervento e gli fu tributato un applauso stracco. Adesso toccava a Schulze, coadiuvato ancora dalla Responi la quale, non reputando sufficiente l'Italiano per appagare la sua voce allo stallatico, studiando lingue ne aveva moltiplicato le occasioni d'uso.
Barbazza, drink alla mano, portava a spasso l'espressione di chi sente avvicinarsi il pericolo: senza gli amici attorno, come poteva salvarsi dal balenottero?
In bagno, prima, non c'erano scaramucce; tra le occhiate di biasimo, aveva fatto ingresso nei cessi delle signore con un timido - C'è nessuno? - e ottenendo la risposta sotto sforzo - Occupato! - da uno dei camerini chiusi.
La scomparsa di Beati e della Cristiani rappresentava il caso più oscuro, ma anche altri misteri turbavano il mite Giulio: le sorti di Santini braccato dai dobermann di Hooghendoorf e quelle di Profumo confinato nelle segrete a meditare su quante volte, e si contano a migliaia, avesse infranto un onesto silenzio solo per dire una cazzata.

Oppure il segreto che sta dietro alla serata vecchio-stampo di Aldo, dopo che a lungo si era fatto vedere poco e sempre avvolto nella disapprovazione a prescindere.
E ancora cose minori, come la Bianca di Treviso che aveva preso a fargli domande tipo *Bevi di nuovo? Non ti farà male?* O addirittura *Non devi andare in bagno?* -

Finalmente comparve la Cristiani, non col Beati ma in compagnia del manzo ammaestrato; tutt'altro che in armonia i due occuparono i posti alla sinistra del palco, dandosi per incuriositi alle spiegazioni di Schulze.
Due minuti e Beati gli fece "toc toc" sulla spalla.
- Finalmente. Eravamo preoccupati, Gianfranco. -
- Immagino. - rispose maldisposto.
- Bella trombata? -
- Bella. Dov'è Aldo? - proprio non sembrava in vena.
- È sul pezzo, con la Cantarini. A quest'ora il prof avrà indossato il copricapo vichingo. -
Beati era di pessimo umore. Aver dato fiato alle trombe non era stato all'altezza delle aspettative. In bagno tutto era decollato tra frizzi e lazzi ma, sul più bello, lady-vespasiano li aveva indotti alla migrazione. La coppia si era poi appartata nell'ala ovest e là ripreso di buona lena.
L'incidente, in apparenza di poco conto, avvenne durante l'esplorazione olfatto-gustativa cui il maschio Beati assoggettò la femmina Cristiani. In poche e spero non volgari parole egli si trovò a fare i conti con gli effetti del sempre temuto *effetto doppio-brodo-star*. Da quel momento le cose andarono di male in peggio e i due

finirono ostaggi di una serie di *Come mai? Eppure, non capisco* ... e ci siamo capiti.
Litigarono di brutto e lei finì per raccontargli sprezzante il coito con Aldo e di quanto, quello sì, fosse stato piacevole. Dopo un crescendo di vaffanculi, ognuno aveva riguadagnato la sala del rinfresco autonomamente. Lungo il tragitto, rimuginando, Beati cominciò a incolpare l'amico di non avergli detto niente. Non certo per gelosia, figuriamoci, ma Beati imputò ad Aldo il fallimento del suo amplesso - Eh già: sempre così, il fuoriclasse. Anche a scuola: *io studio poco, tanto me la cavo!* Idem con le ragazze: scontroso o divertente, finiva per raccattare qualcosa. Sempre su un gradino diverso, quel cazzone, non importa se sopra o sotto. -
Il risentimento montava - Quando è arrivata la donna giusta, è sparito. E gli amici? Bel modo di fare ... Con quella giusta è finita e allora lui a farsi pregare per poi non venire o a venire col nervoso, indifferente a tutti noi e sempre con la fretta di tornarsene agli affaracci suoi. -
Non dovendo camminare così tanto, Beati sarebbe rientrato nei ranghi scontento o poco più; ma il lungo percorso a rimasticare nequizie ne stava facendo un essere spietato - Anche stasera, una volta di più sopra o sotto le righe. Fuori, scostante e maldisposto; dentro, invece, capace di grandi colpi come di bassezze inaudite. L'avevo detto, io: Aldo è tornato com'è! Rieccolo nei pregi e nei difetti di sempre: la storia si ripete! -
E questa conclusione, ripetuta come un mantra mentre la sala si avvicinava, gli fece venire in mente lo stolido scherzo da giocare a quella sorta di amico.

Un tiro con insito il gusto di un *occhio per occhio*, il senso di nemesi che accompagna un episodio già accaduto e la cui replica va al di là della percezione di un mero imprevisto.
E il Beati cattivo, ora a fianco di Barbazza, aveva lucida in mente la trama della sua vendetta.

A baci e palpatine, Angela e Aldo cercavano il posto per approdare a una terza dimensione a esclusivo beneficio dei rispettivi organi sessuali - Dobbiamo in qualche modo sentire ciò che succede sul palco, non si sa mai. -
- Proviamo qua. Sembra accogliente. - era un corridoio a mansarda che corre sotto lo spiovente del tetto, dove ogni finestra vanta la pertinenza di un piccolo vano.
- Sentiamo se arriva la voce. - non tanto da coglierne il significato, ma le parole della Responi giungevano come il verso di una cornacchia ficcata sotto un catino - Ok, possiamo procedere. - lei, finestra alle spalle, sedette sul davanzale e si offrì come insenatura.
- Aspetta, tesoro. - nello stesso attimo di silenzio che aveva permesso alla voce della traduttrice di raggiungerli, Aldo aveva colto un rumore - C'è qualcuno qui vicino. Lo senti anche tu? - le bisbigliò all'orecchio.
- Può essere che un'altra loggetta sia occupata, ma a noi che ce ne frega? - prese a baciarlo.
- Meglio vedere di chi si tratta, Angela, prima che loro possano vedere noi. Dammi un minuto. -
- Fai presto. -
In punta di piedi Aldo accostò l'origine della turbativa.

Ficcata la testa nella nicchia vi trovò Santini che, brache alle caviglie, bombardava la tedesca sistemata come a godere del panorama sottostante. Il vestito rosso sollevato fino alla nuca la assimilava a chi indossa il salvagente a ochetta per muovere le prime bracciate.
Da vicino, il rumore del coito era pressappoco quello udito dai viaggiatori d'inizio secolo dentro alla stazione ferroviaria di una grande città, tutto sbuffi di vapore e bielle a vorticare.
Aldo intervenne - Santini: è meglio che facciate presto. - Lungi dallo spaventarsi, né tanto meno dall'interrompere, quello volse la testa e parlò al nuovo venuto, musicando:
- Guarda come dondolo, guarda come dondolo ... -
- Ti conviene mandarla giù alla svelta e da sola. Vi cercano i gorilla e hanno il sangue agli occhi. Tu rimani latitante, dammi retta. Cerca un posto tranquillo in un locale qui attorno, a una festa. L'importante è che voi non torniate giù insieme o a distanza di poco. Così facendo, il dubbio che possa non essere tu l'uomo chiavante potrebbe preservarti da un sacco di botte. Non fare puttanate: mandala giù e, a mal parata, ci sentiamo col telefonino. -
- Ricevuto, zia Tom. - E adesso, se vuoi scusarci, prima del rientro vorremmo ragliare ancora un minutino. -

Aldo tornò da Angela - Avevi ragione tu: è solo una coppia di peccatori che ha avuto la nostra stessa idea. -
Senza fretta, gustando i particolari, ripresero il discorso sospeso poco prima, lo stesso interrotto anni addietro. Appena i baci si fecero appassionati Aldo sentì ragliare e,

dopo poco, a tranquillizzarlo furono i passi di una donna in transito nel corridoio, svelti e diretti da basso.
-

Barbazza, occupato a reggere l'offensiva Bianca, neppure vide che Beati si avvicinava al palco.
Come già nelle illustrazioni sui libretti di catechismo, un diavolo malvagio avvicinava la bocca all'orecchio di due ragazzini per dar loro il peggiore dei consigli; quelle parole premurose sembravano dettate da altruismo, dalla voglia di rendersi utile.
I giovanetti, forti delle disposizioni ricevute, opponevano resistenza; ma la sapiente mistura di elementi candidi e maliziosi li avrebbe spinti a calcare il sentiero segnato da Beati, così che Aldo patisse il meritato castigo.
Dopo aver acceso la miccia, l'artificiere tornò accanto a Barbazza ad attendere che lo spettacolo avesse inizio.

Shulze rispondeva alle domande del pubblico, poche, tradotte in cigolii italiani dalla Responi.
- La traduttrice, gran bel corpo. - Giulio.
- La Responi è il buco con la scema intorno. Era informatrice per la mia zona. Quando finisce di tradurre la invito con noi. - rispose il Beati, con la mente altrove e gli occhi a spiare il conciliabolo tra le sue marionette.
Non passò molto che i gemelli si mossero; superata la calca, i piccoli lord salirono la scala fino al ballatoio per poi percorrerlo e, infine, sparire nel ventre del palazzo.
Sul volto del burattinaio, Lucifero dipinse il suo sorriso ripugnante - Buona caccia, ragazzi. -
-

Barbazza gli indicò la sommità dello scalone - Guarda chi spunta. - comparve la teutonica regina di bastoni rosa.
Hooghendoorf la seguì scendere i gradini e prendere posto sotto il palco: dal suo sguardo nazionalsocialista non c'era da attendersi nulla di buono.
Intanto la realtà s'era impadronita della Cristiani, messa di lato a seguire una conferenza insulsa e vicina a un uomo mite e paziente di cui lei se ne fregava, forse, proprio perché mite e paziente.
E la realtà, infinitamente più forte di un vestito o di una borsetta firmata, ne aveva lavato via i trucchi restituendola per quel poco che è.

Salì sul palco il Professor Cantarini con in mano un numero di fogli tale da insospettire il coordinatore il quale gli sussurrò qualcosa riguardo ai tempi. Anche gli orchestrali sparpagliati a bordo sala fremevano per tornare a suonare la mezz'oretta prevista da contratto per poi intascare il pattuito, caricare tutto sul furgone e sparire.

- Vieni, Responi: ti presento il dottor Giulio Barbazza, la collega Bianca e gli altri del suo gruppo. - seguì una serie di piacere mio e strette di mano. Lontano dal microfono la voce suonava meglio, mentre da vicino la ragazza perdeva qualche punto a causa della pelle grassa - Conosco questo splendore di femmina da quando girava come informatrice; se sapeste quanto l'ho implorata di uscire una sera, gioia che lei mi ha sempre negato. -
- Mai mischiare cuore e affari, Beati. - rise lei.

- In caso lei avesse accettato, signorina, sono sicuro che tra le richieste del Beati il cuore sarebbe comparso per ultimo. - ipotizzò Giulio, suscitando le risa del gruppo.
E via discorrendo di cazzate, anche se Beati non poteva fare a meno di guardare l'apice della scala per avere la prova che tutto fosse andato come voluto.
In un angolo, intanto, il nazista interrogava la moglie e lei gli rispondeva senza timore; unici atti riconducibili a concetti chiari, una mano messa di piatto a indicare l'altezza e un cenno al vestito, nero, del gorilla.
Erano indicazioni per la caccia all'uomo, ricerca fattasi complicata da che la coppia di adulteri s'era sciolta.
Il gorilla prese la scala, a tutta birra e premendo il tasto del cerca-persone pendulo alla cintura.

-

Aldo aprì la finestra e si accese una sigaretta; dopo ciò che era successo gli parve l'idea migliore.
Le strade trafficate, i grattacielo e le luci stanno tutto a sinistra, e più che scorgerle le si immagina dal bagliore oltre i cornicioni. Invece si vedono la piazza sull'ingresso principale, i primi vicoli neri e, a picco sotto il palazzo, l'edicola e l'angolo ora deserto del venditore di biglietti della lotteria.
Una sigaretta è poco per assorbire un colpo così - La festa è finita come peggio non poteva: ora speriamo che Beati mi accompagni a casa alla svelta. -
Ma la serata aveva in serbo qualcosa ancora.

A volte si dice la fortuna: Beati stava proprio guardando il ballatoio quando spuntò il gemello blu che, con passo

frettoloso, scese la scala. Comparve il verde e, un po' staccata, la madre accalorata in un discorso inascoltato. Nei modi nervosi e teatrali Angela vestiva il responso che il piano avesse funzionato.
- Cacchio: la Cantarini è coi figli. Non capisco ... Cosa sarà successo? - domandò preoccupato Giulio.
- Non saprei. - ma un perfido compiacimento stava comodo nel sorriso di chi ha ottenuto vendetta.

- Allora: mi porti a vedere le terrazze? - chiese Bianca.
- Aspettiamo ancora dieci minuti; il rompicoglioni sul palco ha quasi finito, ma se a qualcuno viene in mente di fare una domanda siamo fottuti. -
- Caro Giulio, non hai scampo. - gli sussurrò Beati.
- Devo escogitare un diversivo. -
- Balliamo? - chiese la Responi -

Dalla sommità della scala, Aldo guardò giù: la famiglia Cantarini, lui sul palco e gli altri sotto, la Cristiani che si dirige all'uscita seguita dal manzo, la combriccola degli amici arricchita dalla traduttrice dalla voce impossibile. Sconsolato nella sua abbronzatura, mister *buonanotte fata* che parlotta con due scemi come lui. E l'orchestra che va riunendosi accanto ai coniugi Hooghendoorf fintamente assorti, con sullo sfondo lo stand di scritte e immagini giganti di qualcosa che non serve a niente.
Il buffet che il personale ha ridotto levando il superfluo, giusto per arrivare alla chiusura con poco lavoro da fare.
Tutti stampati nitidi in una luce senza misericordia, potente da costringere alla fissità come farebbe una lacca.

- Ecco Aldo di ritorno dal fronte dove ornò una fronte. - lo derise Beati.
Barbazza - Bentornato! Ti presento Responi ... -
- Antonella -
- Piacere: Aldo Bellini. -
- Piacere mio, Aldo; spero tu voglia ballare, visto che i tuoi amici sembrano restii a farlo. -
Beati smarrì il sorrisetto: era arrivato chi, meritandole o meno, avrebbe ricevuto più attenzioni di lui.
- Ballare? Siamo ancora a Cantarini e quello non la smette più. -
- Gli tagliano l'intervento, ne sono sicura. Il coordinatore ha promesso il palco all'orchestra. -
- In questo caso un balletto possiamo farlo, prima di andare a dormire. - rispose Aldo, senza entusiasmo.
Sul palco salì il presentatore - Chiedo scusa, illustrissimo Cantarini, ma è giunta l'ora di riconsegnare il microfono all'orchestra. Ci sono domande per il professore? -
Il pubblico si guardò bene dal proferire alcunché.
Giulio - Meno male che in giro non c'è Profumo. -
- Urca: devo chiamare Santini, che se ce ne andiamo Profumo muore sepolto vivo. - Aldo.
- Sai dov'è Santini? Il nazista ha dato disposizione ... -
Giulio lo mise al corrente di ciò che aveva visto quando era ricomparsa la sovrana di ogni colubrina rosacea.
Al che Aldo raccontò del dialogo su alle logge, lui fermo dallo stipite e Santini a culo nudo.
- Hai beccato Santini sul pezzo? È meraviglioso ... -

Se ne rise - Fatemelo chiamare, sennò rischiamo di avere sulla coscienza quello stronzo di Profumo. -
Sul display c'erano due telefonate senza risposta, più una serie di messaggi ancora da léggere. Aldo provò a chiamare, ma il telefono di Santini dava disattivato.
Un accordo di chitarra beat avvertì che l'orchestra aveva ripreso il controllo della situazione. Il presentatore fece i ringraziamenti di rito, ricordò ancora una volta il nome del prodotto da spingere e finalmente si levò dai coglioni.
Al che bastò muoversi per diventare gente che balla.
Beati avvicinò Aldo: - Com'è andata? Hai una faccia... -
- Lasciamo perdere. S'era messa bene, ma poi è andata come peggio non si può. -
- In che senso? Non hai sfamato l'uccello sacro? -
- No. -
Ma l'altro voleva che la vittoria mutasse in un trionfo e indagò ancora - Quando è scesa la patata con famiglia io e Giulio abbiamo temuto ... -
- Lasciamo stare. -
- Vi hanno beccato? Quei due cretinetti hanno visto la mammina fare la maialina? -
Erano occhi negli occhi; Aldo non poteva immaginare cosa avesse combinato Beati, ma la sua insistenza era sospetta - Lascia perdere! Fammi chiamare Santini. - ma il numero dava irraggiungibile - Cazzo! -
- Volete ballare come si deve? - la Responi li scosse.
- Certo, tesoro. Balliamo come si deve, anche perché abbiamo davanti le tue due che ballano che è un piacere. - Beati fece il Beati anche troppo marcatamente.

- Giulio: io voglio vedere le terrazze e tu sembri ciurlare nel manico. - offensiva dal nord-est.
- Gita sulla terrazza in scaletta, Bianca. - dichiarò Barbazza, ma con in mente solo la fuga.
- Aldo, sembri preoccupato: che c'è? - Antonella gli s'era avvicinata.
- C'è che abbiamo un amico nei guai. Al telefono non mi risponde e, tra l'altro, da lui dipendono le sorti di un prigioniero ... è una lunga storia. -
Quella capì il possibile, ma capire non sembrava il fine ultimo dell'abbordaggio.
- Adesso un lento d'atmosfera. - garantì il cantante, per spezzare il ritmo e avvicinarsi alla fine delle ostilità.
Mentre la coppia veneto-ligure serrava l'abbraccio danzante, Beati rapì la traduttrice - Il lentone lo balli con il sottoscritto. - Aldo rimase a bocca asciutta.
Meglio così - Faccio un salto a vedere se rintraccio Santini. - mise in tasca il telefonino e avvicinò le scale. La famiglia Cantarini si preparava a lasciare il rinfresco; Angela non lo guardò neppure, mentre il gemello verde lo salutò - Buonasera, dottore. - come già più volte; l'ultima, da dietro alle spalle una mezz'ora prima.

-

Una scala più piccola, un corridoio, ancora una scala con dei vasi di tronchetto.
Una scalea stretta che sale alle terrazze; l'aria frizzante sorprese Aldo e gli occhi poterono riposare nella notte.
Il torrione della Grimaldina è a portata di mano, illuminato e appeso nell'oscurità; le cupole della cattedrale, la torre campanaria a strisce bianche e ardesia,

e ancora campanili via via più piccoli a galleggiare sopra i tetti bui nel cielo senza luna.
Nei bar ormai semivuoti Aldo riconobbe alcuni individui incontrati al rinfresco. Da lì non era possibile raggiungerli se non scavalcando il parapetto e percorrendo il cornicione che, quantunque largo un metro, poteva nascondere insidie o cedere al peso.
Escluso dunque che Santini fosse espatriato passando da lì, Aldo tornò sui suoi passi.
Riecco il corridoio illuminato e silenzioso, col pavimento lucidato a piombo. Una scala lo interseca; verso l'alto si indovinava una vetrata, chiusa e opacizzata dai lavori edili in corso; scendendola, invece, si arriva al porticato che sovrasta l'atrio del palazzo, dove si smembravano le compagnie con gran sfoggio di saluti e appuntamenti alla prossima occasione.
Aldo percorse il loggiato pieno di manifesti di mostre venture, ma anche da quelle parti non raccolse indizi.
Ancora un tentativo al telefono, prima di tornare al dedalo di sopra. La serata era finita; l'unica cosa ancora da fare era rintracciare Santini e liberare Profumo. Chiedere il numero ad Antonella, quasi per collezionismo? Mah. - E se spunta l'idiota del *salto a bere qualcosa*? Chiamo un taxi e vaffanculo tutti quanti. -
Finalmente qualcosa di definitivo: il muro perimetrale lato-sud con le finestre sul buio dei vicoli.
Con solo il rumore del passo e del suo eco, Aldo percorse il ballatoio che origina a scendere una scala a chiocciola, verdone, unico elemento moderno nel contesto antico.

Già superato il pianerottolo, ebbe l'impressione che proprio tra quelle spire metalliche qualcuno stesse parlando. Ascoltando meglio, le parole salivano dure come se pronunciate da uno straniero: anzi, da due.
- Mi sa che ci siamo. -
Scendendo e sbirciando nella tromba sbilenca, come prima cosa vide la testa del gorilla magro piegata di lato per meglio ascoltare il telefonino. L'altro tedesco stava due gradini più in basso e aveva una mano poggiata sulla spalla sinistra di Santini, seduto mogio a tenersi un fazzoletto sul naso insanguinato.
Aldo elaborò un piano - Telefono in mano, li minaccerò di chiamare la polizia! - ma non appena Aldo prese il cellulare, questo squillò potente: sul display lesse Santini. Sentendo lo squillo sia al telefono che nell'ambiente, il gorilla magro alzò lo sguardo a incontrare quello dello sbigottito Aldo.
- Che vi dicevo? È lui il vostro uomo! Lo cercate vestito di nero, no? - disse loro l'astuto Santini.
Vi fu un impasse risolto da Santini che, al grido di Acchiappatelo! scatenò la corsa dei mastini.
Quasi senza accorgersene Aldo si trovò a correre su per le scale, con dietro gli scalmanati in caccia - Stronzo! Avevo un piano! Chiama la polizia e pensa a Profumo! - riuscì a gridare a chi, con sul naso il fazzoletto a nasconderne il sorrisetto, sa sempre come cavarsela.

Approdato al corridoio, Aldo prese a darci di gran carriera; voltandosi non appena gli inseguitori raggiunsero il piano, ne misurò la distanza in venti metri

circa - Vediamo di che pasta siete, teste di cazzo! - disse stimolato dalla gara di velocità ed equilibrio.
I due erano tosti e i venti metri non aumentavano; nei rettilinei si viaggiava bene, mentre in curva il pavimento specchiato non chiedeva altro che far cascare lui e loro.
- Come ve la cavate in discesa? - imboccò le scale. Quello più vicino scomparve, per tornare nel campo visivo seduto sul passamano a scendere veloce e rosicchiargli un paio di metri - Merda: bella mossa. - ammise.
I sopralluoghi di prima gli evitarono i vicoli ciechi; una curva lo fece scarrocciare e perdere terreno sul velocista, mentre il panciuto arrancava, ma il paragone con le corse nei corridoi della scuola, da ragazzo, cominciava ad affiorare: la verità è che Aldo si divertiva.
In una svolta perse aderenza, ma un gran rumore lo fece girare: il velocista era andato lungo travolgendo un vaso, abbracciato al quale finì a sfracellarsi in un vano abbaino.
Aldo poté rifiatare - Patapùnfete: sederata rap, sederata metropolitana. - lo canzonò.
Lo scattista risorse e tornò in pista, la galoppata riprese. Aldo si trovò sotto i piedi cinque scalini a scendere e servì un miracolo perché in cento passi a mulinello lui trovasse i cinque da posare nei posti giusti.
Fu geniale l'idea di piazzare in fondo alla scaletta lo zerbino arrotolato lì a fianco: infatti, non appena i quattro piedi tedeschi vi atterrarono, questo decretò la dipartita del loro già precario equilibrio e i dobermann si fracassarono sulla pubblicità di un dolby surround.
- Mi sa che avete rotto il muro del suono. -

Aldo ridusse la velocità a un passo svelto, attento che alle sue spalle non si riformasse l'equipaggio inseguitore.

In una una loggia rialzata scorse un'informe massa in movimento; a una seconda occhiata riconobbe Giulio e Bianca colti in un ruvido accoppiamento.

Lei stava spiaggiata sopra un tavolo, con le ginocchia piegate sulle spalle di lui che, furibondo, spingeva tipo un bisonte con gli zoccoli nel bostik; il vestito di lei era sollevato a lasciare libere le cosce, mentre il seno le era uscito e Giulio, come se stesse gonfiandola, ne aveva in bocca un capezzolo tale e quale a una pizzetta.

- Ehi: montate di guardia? -

- No, diamo una scopata in giro. - Giulio liberò la bocca a un respiro - Sei a zonzo? -

- Ho alle calcagna gli sgherri del nazista: Santini gli ha dato a intendere che la fava misteriosa fosse la mia. -

- Che bastardo! - rise.

- Lo stavano malmenando e lui li ha raggirati grazie al mio completo nero. Vagli a spiegare che al ballo saremo stati in cinquanta vestiti così, compresi loro. -

Un rumore in capo al corridoio segnalò che l'inseguimento ricominciava - Arrivano. Speriamo che quel balordo abbia avvertito la polizia. -

- Stai qui con noi: non oseranno fare i matti in presenza di due testimoni. - suggerì Bianca.

- Di voi ho già visto abbastanza; e poi mi sto divertendo. -

- Non essere assurdo, Aldo: se quelli ti acchiappano e in giro non c'è nessuno, me lo racconti il divertimento. -

- Ci vediamo nel salone principale o all'uscita. Buon proseguimento e scusate si vi ho interrotto il coito. -

- Metti le ali ai piedi. - mentre l'altro partiva in derapata e prima di rimettere al lavoro la bocca, Giulio gli chiese forte - Poi mi spieghi la storia di Montezuma e dei boscimani, eh? Testone di cazzo! -

In fondo al corridoio, una porta sprangata - Minchia. -
Il tentativo di apertura generò il rumore bastante al risveglio di una voce catacombale - Chi va là? Aprite! -
La voce arrivava da una serie di porte tutte uguali, chiuse
- Profumo, sei tu? -
- Sì, sono io. Liberatemi. -
- Profumo: tu sei una merda. -
E giù per le scale, con gli indemoniati dietro a sbraitare; l'incertezza di prima, unitamente a una scivolata, aveva ridotto il distacco a una rampa appena.
Il percorso si raccorda alla scalinata che, dall'atrio, esce all'esterno; Aldo commise l'errore di non salire verso la festa, puntando invece l'uscita.
Appena sbucato in piazza, apparentemente vuota, vide farsi incontro un tizio dall'aria minacciosa; riconobbe l'autista del nazi, fuori a custodire l'auto.
Amplificate nel vano scala, le urla in tedesco davano disposizioni al collega forse allertato da qualche diavoleria elettronica.
- Ah: convocate forze fresche, eh? - con salto da atleta di razza Aldo scavalcò il parapetto in marmo per atterrare in perfetto stile sul lastricato di Piazza Matteotti.
- Oplà! -

Atto terzo: ove dalla pista alemanna si passa all'ispanica, fino a che l'Elvetico non estingue la fiaccola.

Lasciata dietro di sé la piazza, teatro di scalmanati in avvicinamento, Aldo imboccò il vico dell'arcivescovado.
C'era luce abbastanza per inoltrarsi a zig zag nei primi viottoli; sinistra, destra, sinistra per scendere ancora. Percorso il primo rettilineo, Aldo si fermò per constatare se il nemico avesse tenuto il passo.
Tutti scalpiccio e parolacce, i tre comparvero dall'angolo.
- Che accanimento! - riprese a galoppar spedito.
Il loro principale non era il tipo a cui presentarsi con un insuccesso. Lo aveva vaticinato lui stesso, a Santini, che si profilavano dei guai: solo che nei guai c'era finito lui.
Il piano d'azione prevedeva la semina dei tre masnadieri e, dopo un ampio giro che lo mettesse al riparo da possibili agguati, risalire al palazzo - Sono tedeschi che vivono in Brianza; nei carruggi fanno la parte dei trichechi sul treno per Yuma. - squillò il telefonino: sul display comparve il nome Santini - Li ho alle calcagna, finocchio, e ora sono tre. Adesso metto il turbo e li lascio sul posto. Ti richiamo tra un minuto. -

L'inserimento del turbo e il zigzagare nel dedalo sempre più fitto sembravano produrre buoni risultati. Percorse a cento all'ora un lungo rettilineo, in fondo al quale le direzioni possibili erano solo le laterali; si fermò a

rifiatare presso gli spigoli, girato all'indietro per controllare l'eventuale sopraggiungere dei cagnacci.
Nessuno in vista - Saranno a chiedersi *Dove cazzo siamo finiti?* - Aldo appoggiò le mani sulle ginocchia flesse, a testa bassa e sfiatando come un delfino.
Con un'occhiata comprese ancora l'angolo lassù; ma come lo sguardo tornò basso, dove prima non c'era nulla trovò un paio di scarpe da ginnastica.
- Hai una sigaretta, amigo? - un giovane sudamericano gli era davanti, elegantemente acconcio da rapper.
- Mi hai spaventato. Aspetta, riprendo fiato e te la do. - rispose, a sguardo da sotto in su.
I piedi si fecero quattro, poi sei e poi di più, via via disposti in semicerchio a stringerlo spalle al muro.
Aldo riguadagnò la posizione eretta; aveva di fronte una decina di piccoletti, tutti con la stessa faccia da indio della sierra. Il primo gli sorrise.
Anche Aldo sorrise, pur sapendo che c'era poco da ridere
- Se do una sigaretta a tutti finisco il pacchetto. - scherzò.
- No se preocùpe, senor: nessuno de noi fuma. Fa male. -
- Molto saggio. - quanto avrebbe voluto che da là in cima comparissero i crucchi, ma i minchioni si erano fatti seminare - Vi lascio, ragazzi; stanno arrivando tre miei amici tedeschi, tipi robusti, e non vorrei che ... -
Il capo tese la mano aperta - Metti qui il portafoglio, l'orologio, il telefonino e l'oro che hai, senor. -
Mostrarsi deciso. Con gli animali funziona, Profumo escluso - Vi do dieci euro, ragazzi, così bevete una birra alla mia salute: ok? -

Quelli agli estremi del semicerchio gli immobilizzarono le braccia e un numero imprecisato di mani cominciarono a perquisirlo. Aldo si divincolò cercando la fuga, ma un pugno lo mise al tappeto.
- Esta parado, no haserte matar. - si preoccupò il capo, intanto che gli sfilava il portafoglio. Altrove, la cucitura della tasca interna della giacca seguì il telefonino durante l'espatrio, per poi lasciarlo libero e rimanere pendula.
Quello che col peso del corpo gli schiacciava il braccio sinistro, strappò il polsino per fottergli l'orologio.
- L'ho dimenticato sul comodino, mi dispiace. -
Un tac e partì la catenina, e per fortuna le scarpe classiche non piacquero. - Vamos! - in un baleno Aldo si trovò da solo, steso con vicino chiavi, documenti, il biglietto della lotteria e le sigarette tutto posato con cura. Naturalmente, anche il Ronson era scomparso.
- Puttana miseria: mi hanno rapinato! Maledetto sia Santini e chi me l'ha messo tra i coglioni! -
Cominciò la risalita verso il palazzo; gli era pure andata bene, perché certi incontri possono finire in tragedia, mentre era chiaro che i quaquaregni non avessero intenzione di fargli del male.
Ciò nonostante, mani e ginocchia sbucciate cominciavano a bruciare e un groppo allo stomaco si faceva ingombrante, ma quello era effetto della paura.
- Il vestito è andato. - Aldo girò per un vicolo illuminato da una dozzina di lampioni a palla - E pure la camicia. - il polsino faceva cucù dalla manica.
Magari la polizia chiamata da Santini o da Giulio stava interrogando quei fanatici, ma la rapina avrebbe

declassato a marachella le loro malefatte - Che casino: la denuncia, bloccare la scheda del telefono e sperare che il travaso dei numeri sul secondo cellulare, fatto un mese fa, significhi l'aver perso solo pochi dati. -
Si trovò in una corte chiusa: pulita, ordinata, ma chiusa. Tranquillo come un papa, un gattone mangiava la roba nella ciotola - Miao. -
- Miao un cazzo, caro gatto: dove sono finito? -
Tornò sui suoi passi, ragionando sugli zig zag che prima gli sembravano una buona idea, e fu nuovamente nel vicolo teatro dell'aggressione - Come ti insegnano da bambino, la cosa da fare è ragionare in termini d'altezza. Scendere è andare verso il mare e prima o poi ci si arriva. Io, invece, devo salire e quindi vado su di qua. -
Salendo, Aldo avrebbe intercettato un vicolo maggiore, se non addirittura il Ducale. Ma avvicinandosi a una targa per leggere il nome della via, l'illuminazione già fioca si spense del tutto - Ci mancava questa. -
Aldo si trovò immerso in un buio difficile da spiegare, un'oscurità densa. Davanti, dietro, sinistra e destra erano la stessa cosa; e sotto era come sopra perché là il cielo non si vede, stretto com'è tra muri che non fanno passare la luce neppure a mezzogiorno.
Immobile, congelato; alla paura di prima si andava sommando una paura più antica, che scava dove l'uomo moderno non arriva a misurare col suo metro nuovo fiammante.
Il piede cercava la salita, che proprio in quei metri sembrava scomparsa, e la mano sperimentava se fosse giunto l'atteso riscatto del tatto sugli altri sensi.

Raggiunto il muro, Aldo ruotò per prendere la direzione secondo i ricordi più recenti - Adesso passa. Un minuto e tutto tornerà a vedersi. -
Una sirena in lontananza, un'iniezione di fiducia: il mondo non era scomparso, si trattava di uscire dalla zona d'ombra. Misurando i decimetri col passo, Aldo mosse verso la direzione più logica e grazie alle braccia da sonnambulo riusciva a procedere senza urtare nulla.
La sinistra non trovò più il muro; lì il vicolo curva secco, oppure si trovava in un incrocio. Lui ruotò sul posto e la destra trovò la parete di competenza, presto interrotta da qualcosa di rientrante e freddissimo - Una serranda. -
I piedi circospetti percepivano l'incontro tra le lastre di arenaria, temendo l'inciampo tra le giunte più ruvide.
Il ginocchio urtò qualcosa: un paracarro di pietra che lui accarezzò come fosse la nuca di un bimbo - Un paracarro, come se da qui potessero passare le macchine. -
Evitare l'ostacolo, però, lo spostò troppo a sinistra, dove c'è un vicolo messo a posta da un urbanista burlone. Quando la destra non trovò nulla, Aldo girò da quella parte e, decimetro dopo decimetro, mosse un buon numero di passi senza incappare in impedimento alcuno.
Poi il piede destro colpì qualcosa che rotolò con rumore.
- Miao. -
- Cazzo, c'è il gatto. -
La ciotola finì di ruzzolare e tornò il silenzio.

Atto quarto: quand'anche nella tenebra ci s'imbatta in curiosi mascheramenti.

Nel ricordo, lucidamente più che nell'istante, ciotola e gatto stavano vicino a un cancello, come se qualcuno badasse al micio senza però volerlo dentro casa. Il cancello doveva essergli davanti a non più di un palmo; titubante, Aldo stese la mano e lo trovò.
Per fare dietro-front cercò il muro di sinistra e vi appoggiò anche la mano destra, allineandosi in modo che l'inversione fosse la più precisa possibile.
Ora poteva essere sicuro di aver di fronte la via con i lampioni a palla che riporta al teatro dell'aggressione. Quando la destra perse il muro, Aldo si trovava al traverso del vicolo incriminato; il piede destro percepì la discesa e si ripresentò il dilemma.
Meglio salire; il Ducale era a poche decine di metri da lì e, chissà, di giorno da quello stesso punto ne avrebbe visto una loggia a fare capolino tra le case sghembe.
Gli amici saranno stati in piazza, probabilmente con la polizia a verbalizzare la denuncia, con i crucchi in piedi davanti a un agente che li rimprovera. Beati sarà al fianco della traduttrice e Giulio vicino a Bianca, tutti col cellulare in mano a far vibrare le tasche a quel figlio di bagascia vestito da rapper.

Nel frattempo un addetto alla sicurezza accompagnava Profumo fuori dal palazzo, mentre quello gli rompe le palle con una litania ammuffita e infinita..
Salire? - In salita ho fallito ... - forse ebbe paura di ritrovarsi nella corte e di sbattere nel cancello. Quanto tempo era passato da che aveva parlato con Barbazza e Bianca? E ancora: anche gli altri saranno al buio o l'interruzione riguardava solo i pochi metri attorno a lui?
Scendere? - Un taxi o una pattuglia che incrocia per la direttrice sul porto, o un'auto a un semaforo: ecco cosa mi serve. - e lì spiegare l'accaduto e farsi prestare un telefonino, anche se a memoria non ci si ricorda più neppure un numero - A casa ho del contante, i taxi hanno la radio e possono chiamare la polizia, che a rintracciare Beati e gli altri ci mettono un minuto. -
Pur se in preda al dubbio, Aldo seguì il piede destro alla ricerca di discesa che, almeno quella, era ancora lì.

La via dell'aggressione; a sinistra c'era una costruzione senza interruzioni, forse una vecchia posta per cavalli o un magazzino di roba per il porto. Il lato destro emergeva frastagliato, con rientranze in corrispondenza dei portoni, e scavando in una memoria altrimenti muta affioravano dettagli impossibili da rintracciare se non in conseguenza di cotanto imprevisto.
Una piazzetta? Forse sì: l'aria rispondeva diversamente e diverso era l'eco dei passi. Aldo guardò verso l'alto, dove il buio perdeva l'impenetrabilità - Ho bisogno di spazi aperti. Mi basta un dettaglio per sapere dove sono. Il mare non è lontano e là c'è spazio perché entri luce. C'è il

traffico, gli anabbaglianti che vanno e vengono. Conosco i posti; magari non la singola via, ma la zona sì. Mi basta poco. -
Il punto dell'aggressione; i banditi erano spuntati da sinistra, poiché da destra li avrebbe visti arrivare, e dopo il self-service sempre a sinistra si erano volatilizzati. Trovato lo spigolo, Aldo passò all'opposto così da non avvicinarsi alla baby-gang neppure di un metro - Quando finisce quest'incubo? -
Riprese il cammino senza immaginare che, procedendo in senso opposto, gli sarebbero bastati pochi metri per incrociare un vicolo che scende dritto verso il mare e in discrete condizioni di visibilità; così come non poteva sapere che l'incubo era solo all'inizio.

-

Molti erano gli ostacoli percepiti, ma ancora di più quelli sfiorati: piattine raschia-suola, piane di marmo rialzate a far da soglia ai portoni, le infide pezze d'asfalto a sostituire i lastroni d'arenaria. Refoli dal mare segnalavano incroci con altri vicoli, ma sempre nell'oscurità assoluta. Oscurità e silenzio, un incredibile silenzio; eppure quelli sotto i polpastrelli erano i muri di case abitate e possibile che nessuno parlasse, che nessuno si lamentasse del buio? Davvero dormivano tutti, con solo qualche insonne seduto in poltrona e zitto in attesa che finisse il black-out e che la tv ridesse senso alla sua vita?
In un incrocio segnalato da sensazioni impalpabili, Aldo appoggiò la destra al palo di un cartello stradale - Se c'è un segnale vuol dire che ci passano le macchine. Oppure

davanti a me c'è una chiesa, un monumento o la casa natia di un qualche personaggio del passato. -
La mano percorse il palo verso l'indicazione, assurdamente lui la cercò con lo sguardo e proprio in quel mentre un lampo giallo fece comparire un dieci nero in campo bianco; incredulo, Aldo fissò ancora l'avviso e un identico lampo gli confermò che era il divieto dei dieci.
Alle sue spalle, lontano venti metri, un motore si accese e due fari sbilenchi proiettarono luci biforcute e storte: era un furgone con il pappagallo girevole sul tetto e che, in accelerazione, raschiando il muro produceva lamenti e scintille. Pochi metri più in qua, in una goffa corsa male illuminata, una figura lo sopravanzava.

Aldo, fermo impalato, non sapeva se proporsi alla luce ritrovata o se allearsi con la nemica tenebra per meglio capire chi si stava avvicinando. I fari penduli, ballerini agli urti, non svelavano che quello stesso disordinato sopraggiungere e qualche persiana al primo piano.
Il camioncino si fermò; ne scese un tizio che svelto acciuffò l'ombra in fuga, mentre dal finestrino lato guida una voce gridò - Stavolta non ci scappi! -
Il catturato si divincolava con il poco vigore di un anziano, le lingue luminose ondeggiarono fino a fermarsi: una si fissò su di un netturbino che teneva per il collo un vecchio magro, un'altra si fermò sulla camicia di Aldo.
- E tu chi sei? - gli chiese il ciccione, sorpreso.
- Buonasera. Io sono un medico. Mi hanno rapinato e sto cercando di orientarmi per ... -
- Sì, sì ... - lo interruppe - Ehi, Gianni: abbiamo ospiti. -

L'altro scese con in mano una torcia. All'interno dell'abitacolo, illuminato per un istante, c'era una terza persona - Me ne frego degli ospiti: volevo il Topaccio e il Topaccio ho preso. Che piacere rivederti: stai bene? -
- Crepa. - gli rispose il prigioniero.
- Ben gentile. - lo canzonò quel Gianni. - Che bel sacchetto, Topaccio: mi fai vedere cosa c'è dentro? - glielo strappò malamente - Da bravo vecchietto hai portato giù la spazzatura? Eh? - il tono passò dall'ironico al minaccioso - Tu sai che è sabato e che di sabato non c'è la raccolta? - lo colpì col sacchetto, ripetutamente finché l'involucro si aprì e sparse pattume.
- Signori, vi prego, non litigate. - Aldo.
- Ma si può sapere chi cazzo sei? - Gianni si voltò, il suo profilo adunco tagliò quel poco meno che buio.
- Ha detto di essere un medico. - fece il grassone.
- Taci, Arnoldo, fai parlare il signorino. -
Il pappagallo a luce gialla rendeva il tutto ancor più surreale - Sono un dottore: una banda di sudamericani mi ha rapinato. Cerco un taxi, un telefono ... insomma, voglio uscire dai vicoli. -
Il capo dei due avvicinò la faccia concava e mal rasata; Aldo si preparò alla probabile aggressione, ma quello si fece amicale - No problem, amico. Aspettaci nel furgone, ti accompagniamo noi. Dentro c'è una nostra amica troia. Magari puoi fartela anche tu. Una professionista vecchio stampo! Io e Arnoldo stavamo riportandola allo scagno - si fece confidenziale - ... ci fa un buon prezzo. - per tornare immediatamente al volume normale - Roba di due minuti e ti accompagniamo fuori dai vicoli. -

Difficile fidarsi di due spazzini impazziti, ma l'importante era tornare in luce - Grazie. Vi aspetto nel furgone. -
Già più tranquillo si avvicinò al camioncino, uno di quelli destinati al centro storico perché i grossi non ci passano e dove, a giudicare dalle fiancate, anche il piccolo non doveva far vita comoda, specie se guidato da un empio.
Nell'abitacolo trovò un'anziana col trucco sfacciato ma sciatta e in ciabatte. Per mascherare il disagio Aldo volle darsi un tono - Piacere: Aldo Bellini. -
- Piacere: Daniela. -
- Che avventura, stanotte: dei ragazzini mi hanno rapinato. Io sono un medico e … -
- Questi posti non sono più sicuri. - sentenziò la donna.
- Poi s'è spento tutto quanto e … -
- Ti va di fare qualcosa? - lo interruppe ancora. Sul viso incipriato si aprì un sorriso freddo. I denti erano sporchi di rossetto, tanto da sembrare insanguinati.
Fuori dall'abitacolo i due strattonavano l'anziano, sporcandolo con l'immondizia sparsa dal sacchetto; Gianni riavvicinò il furgone - Ogni promessa è debito, vecchio pezzo di merda. Arnoldo: procediamo! -
- Non ti piaccio? - il volto spaventoso si avvicinava, il fiato sapeva di alcolici dozzinali - Sei un bel ragazzo, pulito: posso farti godere, sai? - e intanto il ciccione trascinava il Topaccio verso la coda del mezzo.
- Io … - lui, febbricitante d'angoscia - … io non ho un soldo, mi hanno derubato. Cosa fanno quei due là fuori? -
La donna smise di sorridere e si voltò incurante.

- Stavolta sei fregato! - Gianni mise la mano dentro l'abitacolo, cercando un tasto sotto il volante. Si alzò un sibilo e il pistone del compattatore prese a spingere.
- Stai fermo! - gridò il grassone - Aiutami, Gianni: da solo non riesco a tenerlo! -
- Devo azionare la pressa, il comando dietro non funziona. -
Le sagome irraggiate dai lampi gialli e da qualche luce sbilenca, facce in rilievo sul buio e nel suono del motore e della pressione nel circuito, sparsi segmenti che confluiscono in un incubo - Gli spazzini vogliono schiacciarlo! - gridò Aldo, ma Daniela non parlava più.
Il rombo crescente, le sospensioni che sussultano, odore di pattume e di alcol mentre sul retro del camioncino andava in scena un omicidio.
Aldo balzò fuori e poi a ritroso, verso la coda del furgone.

Arnoldo e l'anziano segaligno sembravano abbracciati in un tango appassionato, Aldo li separò strattonando il grassone. Prese sottobraccio il vecchio e con lui si buttò a capofitto nel vicolo accanto. La luce gialla mista alle bave biancastre li accompagnò un metro per poi consegnarli al buio pesto.
- Gianni, il Topaccio si dilegua! Prendi la torcia, presto! - Per il fracasso, l'altro capì con ritardo - Come dici? L'hai fatto scappare? -
Non appena nel vicolo, il vecchio si fermò per gridare sprezzante - Buffoni! -
- Presto, filiamocela! - lo rimproverò Aldo, stringendogli il braccio magro come un ombrello chiuso.

A passi svelti, ma da pochi centimetri l'uno, la coppia si allontanava dal camioncino; il rumore della pressa tornò basso e un fascio di luce prese a scavare nel buio. La fortuna mise un vicolo a destra e la mano di Aldo lo seguì in un baleno, così il fascio di luce scavò a vuoto.
- Sono spariti, testa di minchia! -
- Non possono essere lontani. -
Trascinando i piedi come su ruvide pattine, Aldo e il Topaccio avevano guadagnato qualche metro.
- La finite di giocare a mosca-cieca? - la voce di Daniela
- Non ho tempo, devo tornare alla mia clientela! -
La torcia era di nuovo in caccia; spesso bassa sui piedi degli inseguitori, ma volte bucava in profondità - Là qualcosa si muove, Gianni! -
Il lardoso aveva visto giusto, perché il fascio di luce era passato sulla schiena del Topaccio. La sinistra lesse un vicolo e in un istante vi furono dentro.
- Volete smetterla di giocare? - la donna si spazientiva.
- Vaffanculo, bagascia! - tuonò la voce di Arnoldo, più forte perché più vicina e, in ogni caso, poco riconoscente.
La voce di Gianni - Vabbè: diamoli per persi e riaccompagniamo il puttanone. Che vadano in culo, il Topaccio e quel medico di merda. -
- È stato il dottore a farlo scappare, mi ha spinto. -
- Certa gente non riesce a farsi i cazzi suoi. -

Le voci si persero nel baccano del motore. Lo sbattere delle portiere le ingoiò e si sentì il furgone allontanarsi.
- Lasciarmi il braccio, mi fai male! - si lamentò il vecchio.

- Quei due sono pazzi! Pazzi! Volevano ucciderti solo perché porti la spazzatura in una sera dove non c'è la raccolta? E se non c'è la raccolta loro cosa ci fanno sul furgone? Vanno a puttane? -
- Shhh! - lo interruppe. - Stai zitto! Fammi sentire. -
Aldo udiva solo silenzio e vedeva solo buio.
- No, forse mi sbaglio. -
- Dove siamo? Sai se qua vicino ci sono dei ... -
- Maledetti buffoni. -
- Assassini, altroché buffoni! Dimmi: sai se qui vicino c'è un posteggio dei taxi o ... -
Effettivamente, ogni tanto il silenzio era interrotto da un suono distante - Hai sentito? - gli chiese il Topaccio.
- Mah, forse sì. -
L'odore del vecchio era sgradevole e così la voce. Il muro freddo e quel pazzoide non erano la migliore delle compagnie ma, per chi è chiuso in una botte d'inchiostro, rappresentavano comunque un contatto col mondo.
Ancora il rumore - Parrebbe un motorino scassato. Sarà un metronotte? -
- Stai zitto e fermo. - col passare degli istanti il Topaccio sembrava sempre più un povero demente.
Dal fondo del buio comparve la luce tremula di un motorino vecchio, di quelli ancora con la dinamo.
- Eccolo. - Aldo cercò il braccio del compagno per incamminarsi verso la luce - Facciamo presto: se non ci vede, il metronotte sparisce. -
Il Topaccio si divincolò - Vacci tu, da quello, se ci tieni. -
- Ok, tu aspettami qui. -

Aiutato dal chiarore da una fonte tanto miserabile, Aldo s'incamminò gridando - Scusi, lei, aspetti un secondo. -
l fanale stava immobile nel suo tremolio; la pernacchia del motore al minimo non ne avrebbe coperto la voce, se lo sconosciuto gli avesse risposto - Dico a lei. Io sono un medico e con me c'è un tizio che ho appena incontrato. Vorrei sapere se nelle vicinanze ... -
Tutto rimaneva uguale: al di là della lampadina c'era il buio, oltre il peto prolungato e instabile solo il silenzio.
A pochi passi dallo sconosciuto, motore e luce presero forza, sì, ma per fare inversione e allontanarsi.
- Aspetti, non abbia paura. Io sono un medico, e ... -
Lenta e irritante, la stramba sagoma appena lambita dai cerchi di luce si allontanava da lui.
Appena questa ebbe girato un vicolo, sconosciuto nel nome e nell'ubicazione, scomparve anche ciò che aveva attorno - Càpitano tutti a me? - automaticamente le mani tornarono a cercare il muro - Topaccio: il tipo ci ha mollato. - non arrivò risposta - Ehi: sali tu o scendo io? -
Niente: insieme al buio era tornato il silenzio, il silenzio e la solitudine.

Per un imprecisabile numero di minuti Aldo vagò alla ricerca della discesa; aveva preferito non tornare indietro, perché sapere che una persona poteva essere lì in mezzo, sentirne il respiro nel buio e toccare qualcosa che non fosse un muro, lo atterriva.
Già mille volte aveva temuto che la mano arrivasse a lambire qualcosa che non fosse una parete o una serranda. E ancora sarebbe stato così, finché luce non fosse.

Dall'alto, il cigolio e lo sbattere dell'alza-persianina di un'imposta: un abitante che chiude per la notte?
- Senta, per gentilezza, in che via siamo? - persino la sua voce lo impauriva - Sono un medico. Mi hanno rapinato e cerco di uscire da questo dedalo maledetto. -
Forse era finito in una piazzetta; il cielo gli consentiva di vedere la miseria dello spigolo nero di un cornicione - Per favore, ho bisogno d'aiuto. La prego, dove sono? -
Aldo non ottenne che un refolo dal mare.

D'improvviso urtò qualcosa, la paura fece prima del dolore - C'è qualcuno? -
Liscio e freddo, con a un metro di altezza un corpo sporgente pur se ancorato al resto - Lo specchietto di una macchina? - alla stessa altezza, tre palmi più in là, scovò la serratura - Sì, è una macchina. -
Trovato appiglio nella grondaia del tetto, Aldo provò a scuoterla con tutte le sue forze - Una macchina posteggiata qui dovrebbe avere l'antifurto. - il miraggio di vedere, pur se alla luce di quattro frecce, rende ingegnosi. Naturalmente la macchina non aveva l'antifurto.
- Naturalmente ... -
Cosa altro fare, se non riflettere sul poco a disposizione?
- È posteggiata a muso contro il muro e senz'altro arriva da una strada più larga. Io ho bisogno di una strada dove passano le auto e, seguendo la direzione indicata dal bagagliaio, posso trovarla. Io devo trovarla! -
Contravvenendo alle sue stesse disposizioni, Aldo cominciò a salire il meglio possibile tra inciampi e ripensamenti passeggeri.

Costante per dozzine di passi, il dislivello si fece più deciso; la mano stentava a tenere il muro perché la salita si allargava, la sensazione di intravvedere il cielo gliene dava conferma. Per un attimo, passò nell'aria l'odore del pane sfornato - Dai, ne sei quasi fuori: coraggio! -
Adesso era pronto a giurare che sul lato libero ci fosse posteggiata una vettura bianca vicino a una forma astrusa, più piccola e scura - Uno scooter. -
Un'auto che passa lontano, con lo stereo a tutta birra, gli diede ulteriore impeto - Ci siamo. -
Il cuore riprendeva a cadenzare i secondi, la morsa allo stomaco sembrava sciogliersi. Il vicolo curvava a sinistra, cosa che Aldo intuì parzialmente e parzialmente vide.
Dei lampi blu, la cui sorgente era ancora nascosta dallo spigolo di una casa dalle alte persiane, fecero ingresso in scena - C'è la polizia. Sono salvo! -
Svoltò l'angolo di un vicolo largo; a cinquanta metri da lui una gazzella della polizia era ferma a lampeggiante e proiettore accesi, con due sagome dai particolari fosforescenti appoggiate al cofano.
Aldo si scoprì a sorridere; era il sorriso di chi, scampato un pericolo, torna alla normalità. I pensieri già venivano a ricucirsi per le logiche usuali, sebbene una denuncia per furto e dei netturbini inclini all'omicidio non siano cose di tutti i giorni. Ma per quanto inconsueto, ciò che presto avrebbe raccontato sarebbe giunto da zone della mente abituate a schemi rassicuranti, a logiche condivise. Ed è ciò che interessa a chi ritorna da un incubo: svegliarsi e ritrovare la camera dove ci sarebbe da dare il bianco,

riascoltare l'odioso sbattere della persiana che chiude male, accorgersi che fuori piove e che allora sarà una giornata difficile. Insomma: riabbracciare le cose che belle o brutte costituiscono il nostro mondo.
Riprendere da dove s'era lasciato, tutto qua.

A venti metri, il faro lo illuminò allo stordimento; dopo che le pupille dilatate dovevano elemosinarne briciole, ecco un'inimmaginabile scorpacciata di luce.
- Chi è là? Fermo dove sei! -
- Lieto di vedervi, agenti. Sono un medico e ho subito una rapina da parte di un ... - nel prendere fiato, Aldo sentì il poliziotto sussurrare al collega - Eccone un altro. -
- ... gruppo di sudamericani. Circa un'ora fa, ma non ne sono sicuro. È da un pezzo che vago per i carruggi, sono senza orologio e il telefonino me l'hanno rubato. -
Ancora a mezza voce, quello dei due che aveva parlato lo rifece - Di' a Luigi di seguirci con la torcia grossa. -
- Meno male che ho incontrato voi, perché altrimenti ... -
- Meno male, meno male. Ti hanno rapinato? Dove? -
Dentro quella voce c'era l'ironia dell'infermiere che si rivolge al pazzo; i sensi di Aldo si acuirono di nuovo.
- Stai lì fermo. Vedrai che tutto andrà a posto. -
Dalla scena in controluce cominciò ad avvicinarsi la sagoma di un agente con in vita la cintura piena di cose appese, ma non il manganello: il manganello lo teneva alto in mano - Hai detto africani? -
- ... no, sudamericani. - altri due profili si staccarono dalla vettura; un fascio di luce cominciò a vorticare nella

sua direzione, un fascio saltellante perché i due venivano svelti a raggiungere il collega.
Svelti, quasi di corsa.
- Ma pensa te; e, dimmi, quanti erano? -
Il tono e le frasi a mezza voce, cose poco adatte a dirsi quando un cittadino viene a denunciare un furto. Quel modo di dargli del tu ... e cosa vuol dire *eccone un altro*? Finché la torcia non l'avesse puntato, pochi istanti ancora, Aldo non era che un profilo illuminato dal vorticare del lampeggiante. Il faro sul tetto stava fermo al punto del primo avvistamento, ormai fuori traccia. Aldo chiuse la giacca a coprire la camicia, perché le sagome ormai vicine non promettevano nulla di buono.
- Ehi! Cosa fai? Tieni le mani in vista! - la mano di quello senza torcia corse alla cintura.
Adesso il fascio era su di lui, ma ne illuminava la schiena: Aldo s'era voltato a cercare un vicolo che scendesse e, per quanto possibile, lo faceva di corsa.
- Fermati, bastardo, fermati o ti sparo! -
Sempre più con le mani a sostituire gli occhi Aldo cercava, cercava in preda alla febbre.
- Non gli dire così, che lo fai scappare. - nella voce del primo agente c'era la stessa ironia agghiacciante.
- Ah ah: dove vuoi che vada? -
Eh sì, il poliziotto ha ragione: i cani sono saldi sulla pista e la volpe è cieca.
Negli occhi ombre nere e squadrate mentre, senza sosta, la mano raspava il muro alla ricerca di un varco. Senza volerlo, Aldo farfugliava - Sono pazzi, sono tutti pazzi. -

- Parli da solo? - agli inseguitori bastava passeggiare per prendergli un metro su due.
- Zac! Zac! E zac! - ogni zac era un lampo nel passo del fuggiasco, per dargli una mano a non farsi prendere sùbito - Zac: un tombino. Zac: un angolino. -
- Dove sei? Dove sei, maledetto vicolo? - pensava o diceva nel respiro affannato.
- Occhio, il fondo è viscido. - l'umidità aveva imperlato la strada; strano, perché era stata una bella giornata.
- Dove sei? Dove sei? - le dita si consumano sulle lastre dei palazzi, il battere del manganello sul palmo di una mano si fonde all'ossessivo pulsare del cuore.
- Li ammazzerei tutti, questi figli di puttana! - il fascio di una torcia più piccola affiancò il maggiore e la seconda voce rivolse ad Aldo una battuta entusiasta - Hai visto? È arrivato il fratello minore. -
D'un tratto la casa disegnò lo spigolo; salendo, Aldo aveva tenuto quel lato, adesso il destro, e lo ricordava sgombro per parecchi metri. Con solo un dito a lambire il muro Aldo prese a correre a capofitto nella pece, pregando che il vicolo fosse lo stesso di prima.
- Cazzo, s'è messo a galoppare! -
- Finché non trova un ostacolo, poi sentirai che botta. - giù una risata, ma intanto i passi degli inseguitori si fecero svelti.
Di nuovo l'odore di pane: c'era un forno nelle vicinanze. E doveva rallentare, non sapendo più se la strada fosse libera. Dalle torce danzanti alle sue spalle gli arrivò un aiuto; davanti a lui c'erano tre viuzze: destra, sinistra o al

centro. Complici la pendenza, l'umidità e chissà cos'altro, Aldo si trovò sdraiato.
- Ah ah: il volpone è finito lungo in terra. -
Lui, già in piedi, infilò la via centrale - Camicia, colletto e polsini. Poi la faccia, il collo e le mani. E occhio ai calzini; sono coperti, ma bianchi anche loro. - enumerò le zone di maggior rifrazione alla luce, i punti deboli. Purtroppo il vicolo aveva il respiro lungo e, a quella velocità, i poliziotti lo avrebbero beccato alla svelta.
- Ti sei fatto male? -
Lui rimbalzava da un muro all'altro, cercando un vicolo che aprisse la trappola dove s'era ficcato.
- Ragazzi, qui c'è un crocevia: che direzione avrà preso?-
Magari una porta aperta o facile da scassinare; ma chi è in grado di scassinare una porta velocemente, al buio e senza far rumore?
- Oh, non c'è. - i poliziotti simularono una preoccupazione fasulla - Dividiamoci, ognuno prenda un vicolo e chi lo becca avvisa gli altri. -
- Certo, Fritz. -
- Ricevuto, Luigi? -
- Forte e chiaro, Fritz. -
Già il faro maggiore faceva capolino dalla piccola piazza che apre alle tre stradine.
- Ragazzi: nel vostro vicolo si scivola? -
- Non mi pare, Fritz. -
Scrusch...scrushc... - Nel mio un po', Fritz. -
Profumo di pane, adesso forte. Sulla destra, una sporgenza dal muro: la canna fumaria per i vapori del forno, larga venticinque o trenta centimetri.

- Davanti al mio si scivola. Bisogna dire al fornaio che stia attento quando scarica la farina. Con l'umidità si forma una patina scivolosa; non è così, amico? -
La commedia finiva: arrivano.
- Mani, colletto, camicia, faccia ... le calze sono coperte, le gambe spuntano ma sono nere ... -
Appena appiattitosi dietro la canna fumaria, il cono di luce percorse il sentiero; Aldo girò la testa di lato, altrimenti sarebbe spuntato il naso.
- Oh: non ci sei? - il fascio di luce gli passò sulle gambe.
- Ma sì che ci sei, sento la tua puzza. -
Il rimbombo segnalò che gli agenti avevano imboccato il vicolo - Non avrai paura di noi, vero? Guarda che la paura è cattiva consigliera. -
Aldo vide comparire la mano che teneva la torcia, il cuore batteva talmente forte da sembrare impossibile che non si sentisse anche fuori da lui.
Questione di attimi.
- Ehi, Fritz, guarda. -
Seguì un lungo istante di silenzio.
Quello che doveva essere il capo spense la torcia davanti alla pancia di Aldo - Spegni anche la tua, Luigi! - ordinò in un sibilo.
Un click e tornò il buio assoluto - È all'imbocco. -
- Già. - rispose Fritz.
Aldo non poteva girarsi, muoversi né respirare. Ma ora l'aria trasportava l'incostante pernacchia di un motore sfasato: all'altro capo della via c'era un fanale tremulo.
Quello che forse era Luigi sussurrò - Ci avrà visti? -
- Certo che ci ha visti. – rispose Fritz in un soffio.

Le voci arrivavano pretesche come in un confessionale. Il rumore del minimo si faceva nitido; grazie alla lieve pendenza, il motorino si avvicinava - Sta arrivando. -
Le asperità facevano sì che dal motorino suonassero cigolii come lamenti e un traballare di pezzi mal stretti.
I cani si erano bloccati davanti alla tana: arrivava un animale che loro non volevano incontrare.
- Torniamo alla macchina. Per accendere le torce aspettiamo di essere su. Facciamo piano, intesi? -
Seguì un muto tramestio in cui i tre giravano i tacchi per ripercorrere, stavolta incerti, i loro passi. Uno di loro scivolò sulla patina infida - Minchia ... -
- Taci e tirati su, cretino! -
- Scusa, Fritz, io ... -
- Taci! Andiamo! -
Aldo poté finalmente respirare e voltarsi; a non più di dieci metri il fanale emanava luce sufficiente perché lui riguadagnasse il centro del vicolo. Se non altro poteva essere sicuro che tra lui e quella lampadina non ci fossero ostacoli - Chi sei? -
In risposta, il borbottio instabile e il pulsare luminoso.
Aldo si mosse verso la luce - Dove siamo? -
Lento, provocatorio, il motorino imboccò una stradina laterale.
- Aspetta! -
Per piantarlo in asso, allo sconosciuto che vantava luce propria bastò accelerare un poco finché, come la luce, anche il rumore si spense nel dedalo di quelle contrade.

Atto quinto: qui messer Aldo confessa i suoi peccati a un religioso per poi finire, ohibò, a litigar con una lavatrice.

A volte, per far bella figura, uno s'infila nei guai: se a casa avesse agguantato l'accendino bic, invece del Ronson, i ladri salutisti glielo avrebbero lasciato. E dunque finire lungo disteso su un cumulo di cartoni si sarebbe tramutato in un colpo di fortuna: ne avrebbe ricavato le torce bastanti a illuminare il tragitto.
Ma senza nulla con cui accenderli, Aldo si trovava a terra in un mucchio di cartoni, semplicemente.
Aveva percorso qualche discesa, qualche salita, dei tratti pianeggianti; tutto per una distanza di non si sa quanti metri percorsi in non si sa quanto tempo. Sempre con la gran voglia di incontrare qualcuno, ma anche con la paura che fosse all'improvviso e che questo congetturato incontro avvenisse subito dietro a uno spigolo o, peggio ancora, fosse tattile e non visivo - Sì, visivo... -
Da solo, al buio per una terra di particolari senza un'insieme. Muri, pali, paracarri, discese, salite, automobili, serrande e portoni: Aldo ne intuiva le forme, ne imparava la temperatura e la rugosità, ma sempre partendo dal dettaglio e mai viceversa com'è d'abitudine.
Tutto lì come sempre ma, stanotte, era un mondo senza il mondo attorno.

Cosa era successo? Una festa con epilogo a sorpresa, nient'altro; la rapina s'era risolta in un minuto e senza che gli fosse fatto del male. Concepibile, in fondo.
Poi il black-out. Un black-out può succedere, ma quanto dura?
E ancora: perdersi in un centro storico così vasto ci può stare, ma possibile che in giro non ci sia nessuno? E che dire degli incontri? Si può credere ai netturbini omicidi, ai poliziotti violenti, al Topaccio malvagio e al motorizzato dispettoso?
Quanta strada c'è fra qui e l'alba?

Aldo si tirò su dai cartoni umidi; quelle che puntuali lo smentivano erano delle voci. Uomini che parlano forte non lontano da lì - C'è nessuno? - una domanda fatta al buio, nella migliore tradizione del poker, ma quelli non l'avevano sentita - Chi siete? -
Le voci s'interruppero e una rispose - Como? Chi c'è? -
Quel *como* la diceva lunga: sudamericani.
In città erano sempre più numerosi: bravi cristi che lavorano per portare in Italia la famiglia, prima o poi. Anche in studio da lui cominciavano ad arrivarne e lui cercava di trattarli bene, di fargli lo sconto.
Ma a certe ore e in certi posti ci trovi gli sbandati, quelli di cui non ci si può fidare - Dove siamo? In che via, in che sestiere? -
- Sestiere? Cos'è sestiere? - la parola non gli era chiara.
Si accese una torcia poco più a destra rispetto al punto dove Aldo aveva rivolto la domanda. Il fascio di luce prese a cercare grossomodo nella sua direzione.

- Hanno una torcia. Sono parecchi, stranieri e hanno una torcia. - il vantaggio di una luce autonoma lo si può concedere solo a chi è fidato; Aldo scelse di appiattirsi al muro, lasciando che il raggio cercasse invano.
- Donde està? -
Il cono luminoso passò sulla targa di un vicolo e Aldo ci lesse ... Magi.
- Io non so dove sono, amigo, è questo il mio problema; non so dove sono, ma dove puoi trovarmi non te lo dico. -
- Donde està? -
Spalle al muro, si allontanò in salita.

- Magi: Re Magi? - può essere, ma dov'è? Spesso i vicoli hanno nomi che profumano di favola o di leggenda.
Nomi suggestivi, ma quanto volentieri avrebbe letto la targa di Piazza della Vittoria o di Corso Buenos Aires ...

Riecco il ronzio irritante. Il fanale non si vedeva ancora, perso dietro le pareti nere e al momento senza un vicolo ove incanalarsi.
La mente sa rimanere lucida perché così vuole l'istinto; per non sbagliare, i sensi preferiscono passare attraverso la sua regia. Primordiali, nell'intelletto riconoscono lo strumento migliore per preservare la specie: devi usare la testa, caro mio, perché tu non hai gli artigli.
- Arriva, come fosse un turista. -
Forse Aldo era in un angolo, perché da sotto gli arrivava un forte puzzo di piscio. Una bava di luce aveva per un momento lambito alcune persiane e il civico di una bottega - Sessantuno. -

La via doveva essere larga almeno tre metri e non brevissima, visto che un numero civico preso a caso riporta una cifra piuttosto alta. Aldo ne percepì il respiro aperto e il cielo gli concesse un minimo di contrasto da cornicioni e spioventi - Un carruggio medio, vicino a un altro detto dei Re Magi. -
Una breve accelerata gli segnalò che il dispettoso a motore lasciava un vicolo per imboccarne uno più vicino. Il suono intubato gliene diede conferma.
Aldo abbandonò quel lato per spostarsi tentoni verso il muro dirimpetto; senza nulla di solido cui appoggiarsi, era come gettarsi bendato in mare. Approdato al versante opposto capì di essere d'innanzi all'ennesimo carruggio. Ne percorse due passi ma, di punto in bianco, il muro di sinistra s'interruppe e il piede relativo non trovò niente sotto di sé. Aldo cadde, la gamba destra s'incastrò in non si sa cosa e la testa batté in una spranga.
In certi momenti i sensi rimangono soli, la regia non funziona - ... aiuto. -
La gamba sinistra si era storta sotto il peso del corpo mentre la destra, rimasta tesa, obbligava il busto a una posa sgraziata, forse ridicola. Attorno alla gamba prigioniera le mani trovarono delle barre di ferro instabili - La ringhiera di una scala! -
Alle sue spalle, il motore si avvicinava lungo lo stesso vicolo che Aldo aveva lasciato dietro di sé.
Aldo assunse una postura ancor più grottesca per girare la testa e vederlo passare lento, canzonatorio al solito.
L'occhio tremolante si fermò al traverso della scala: il motociclista lo stava guardando.

- Aiutami, non vedi che sono incastrato? -
La debole luce, ferma per i pochi istanti che servirono, permise ad Aldo di disporre il corpo affinché potesse liberarsi dalla trappola della ringhiera; ma gli fece anche vedere, sospesa in aria a un metro da lui, un'arpia che lo fissava maligna.

Con le mani a coprirsi gli occhi, proprio loro, Aldo ruzzolò giù per i gradini - Cristo! -
Si ritrovò appoggiato al muro, presumibilmente a metà scala, rannicchiato a ripararsi il volto dall'attacco del mostro: il muso cattivo, gli occhi vicini e iniettati, il corpo grosso come quello di un bambino e le ali frastagliate, da pipistrello ma lunghe come se di un gabbiano. L'aveva vista benissimo, l'arpia, immobile a mezz'aria.
- Immobile a mezz'aria? - la mente tornava a governare gli istinti.
Un animale inesistente che vola immobile; in una notte così ci stava tutto, ok, ma col passare dei secondi l'ultima visione parve sempre più improbabile.
L'attacco non c'era stato, nell'aria non si percepiva alcun movimento. La mano sinistra si trovò posata su un sasso o un pezzo di cemento che fosse; Aldo lo scagliò verso il mostro, ma il colpo andò a vuoto. Ne staccò un secondo dal muro alle sue spalle e, stavolta di destro, lo lanciò verso l'arpia. Il tiro raggiunse il bersaglio, che suonò limpido di metallo cavo.
- Maledetto sia lo stronzo che appende queste puttanate! -
-

Seduto su un rialzamento di marmo ai piedi della scala, Aldo valutò al tasto le conseguenze del ruzzolone; il ginocchio bruciava, ma nemmeno tanto, e nei giorni a venire la gamba avrebbe mostrato un signor ematoma.
- ... mostrato. -
Il cielo era un fondale capovolto, nero, eppure il tempo passava. Nell'elemosina dei ricordi, la festa dava l'idea di essere sul finire; l'orchestra aveva ripreso per la mezz'ora da contratto, con già attorno il clima di smobilitazione. Che ora poteva essere? Il Rolex stava sul comodino e, per com'erano andate le cose, bisognava solo rallegrarsene.
La brezza dal mare lo accarezzò - Il comodino ... - la camera da letto, le voci da fuori la finestra, a volte la noia, l'abbraccio del rimpianto che scopri rassicurante.
Eppure eri andato oltre, ce l'avevi fatta, ne eri uscito.
Il comodino; la giostra delle novità fatta solo dalle cose che non vuoi, il monotono recitato sulle note della fanfara che suona in un triste pomeriggio di domenica.
Il lavoro, poi, bella roba: la quotidiana battaglia da vincere a tutti i costi e che tu combatti svagato; rimanderai a domani quante più cose puoi e col passare delle ore l'orizzonte si farà minimo per poi coincidere con la sera, semplicemente.
- A quante cose uno non fa caso. -
Un rumore di rotolamento; la discesa era ripida e avrebbe fatto presto a condurlo in basso. Una pendenza così giunge rapida alle vie trafficate che tante volte si percorrono in coda, bestemmiando e telefonando per avvertire che si ritarda.

E che verso sera sono fiumi di luce, mentre i lampioni a centinaia luccicano sul porto e le finestre si accendono a migliaia.
- Andiamo a vedere se quest'odissea è finita. -
La mano destra passava da una macchina alla successiva, tutte posteggiate col muso verso il basso; dopo una cinquantina di metri la discesa si consegna al falsopiano, la via si spalanca e il cielo stellato e lucido dà segno di sé.
- Strano che io non conosca questa strada; con tutte le volte che ho girato in zona, dovrei ricordarmela. -
Se Aldo non la ricordava, c'era un motivo: la via finisce in un muro, circondata da ruderi senza infissi e abitati da disperati e da topi, e ovunque ci sono auto a marcire.
Ma lui questo non lo vide; solo sentì al tatto quella barriera nera, più volte da destra a sinistra mentre chiamava aiuto, sperando che qualcuno ne raccogliesse la supplica sporgendosi da una finestra che non c'è.
-
Tornando indietro, Aldo cercò sull'altro versante il passaggio che non esiste; di là le carcasse sono messe alla rinfusa, incastrate una sopra l'altra. E i ruderi dei motorini riempiono gli spazi tra queste, rendendo consigliabile a chi vede tanto scempio di starne alla larga.
Per chi non ci vede quasi niente, tutto ciò giunge inspiegabile al tatto e disegna nella mente uno scenario da apocalisse: come se un fiume in piena avesse trascinato a sbattere nel muro le auto raccolte prima, fiume che non c'è mai stato e gonfiato a dismisura da piogge torrenziali di cui non si ha memoria recente.
- Sono fottuto, fottuto ... -

Mille disperati inciampi tra le lamiere disfatte e appuntite, mentre sotto le scarpe erano barattoli a rotolare, materassi dove incappare, bottiglie di plastica da schiacciare.
Poi la salita si inerpica e Aldo, sconvolto, lasciò per sempre quel villaggio fantasma.

Giunse a risentire la ringhiera e tutto s'era rifatto nero. Su per la scala e tenendosi a destra davanti alla buia tana dell'arpia, Aldo tornò al vicolo dov'era prima, un posto quasi familiare.
La delusione patita e la morsa ai visceri lo convinsero a cercare un posto spalle al muro dove aspettare la luce del giorno - Questo è perfetto. E dovevo farlo prima! - era un angolo rialzato dove sedere a gambe distese, comodo nonostante il puzzo. Sarebbe stata l'alba a scuoterlo dall'incubo, sempre ammesso che l'alba esistesse ancora.
Ma una volta di più le cose presero un'altra piega.

Il rumore tornò a ronzare; il fanale comparve tremolante dentro un vicoletto di fronte, a pochi metri dal posto eletto a residenza. La pernacchia coprì i piccoli rumori attorno - Io non mi muovo, amico, io resto qui. -
Per tutta risposta il manubrio voltò nella sua direzione e il fanale gli ferì gli occhi.
- Vattene! -
Le bave incontrollate dello sghembo fascio di luce, dopo che Aldo vi si era in qualche modo abituato, gli mostrarono parte della mano e mezzo piede del burlone.

- Non mi va di giocare, lasciami in pace! Tra un'ora tu e tutto questo sparirete, ognuno tornerà al proprio posto e scommetto che il mio è migliore del tuo! -
Una breve accelerata lo schernì.
Aldo si permise il lusso di guardare altrove, in un nero che se non altro non lo prendeva in giro.
Il movimento del manubrio gli spalmò sul volto un andirivieni luminoso, due colpi di cicalino invitarono Aldo a partecipare al gioco.
- No! Vaffanculo! -
Per tutta risposta quello si inoltrò nel viottolo, avvicinandosi di un metro e con tre colpi di cicalino, due ravvicinati più uno singolo, ripeté l'invito.
Aldo capì perfettamente che gli stava dicendo *Vieni qui*.
- Sono pazzo anch'io? -
Non voleva alzarsi, eppure si scoprì in piedi; gli parve di poter essere lui a braccare l'altro e ragionò con apparente lucidità - Sei venuto troppo avanti, il vicolo è troppo stretto per fare inversione. Vuoi giocare? Ok. - a piè veloce s'indirizzò verso l'avversario che, a quella mossa, rispose indietreggiando con le gambe in guisa di leva.
- Avevo ragione. Stavolta ti prendo. -
Giunto al lato opposto, Aldo trovò solo pochi metri per attuare il suo piano: il vicolo era breve e la retromarcia di quel tizio sembrava rapida e ben condotta.
La viuzza finiva e, con ancora due passi a ritroso, il malefico poteva girare il manubrio e dileguarsi; ma Aldo lo incalzava, ormai sul punto di acciuffarlo. Oltre lo spigolo principiava una via più larga; finita che fu la retromarcia, l'uomo girò il manubrio e diede gas.

Aldo tese il braccio, vicinissimo al freno della moto - Sei fritto! - le dita sfiorarono la stoffa della manica.

Già rinvigorita dall'accelerata, la luce riverberò in una serranda zincata e la scena fu da gelare il sangue: la sagoma nera stava in sella come un adulto può stare su un triciclo da bambini. Le ginocchia di due gambe smisurate arrivavano all'altezza delle spalle e una testa sottile si allungava fra l'ombra e il buio profondo; dal collo in giù, tutt'uno con la sagoma della motoretta, uno spolverino dalle pezze scucite seguiva con il leggero ritardo di un mantello quel corpo illogico.

Un uomo troppo alto per essere un uomo normale.

La mano di Aldo si era congelata a metà del gesto, mentre la forma di enorme ragno veniva inghiottita dal buio nel fracasso che fa un vecchio motorino quando saltella spedito su dei lastroni.

L'ultima cosa che s'impresse nella sua mente fu la targa della via: l'inizio non riuscì a leggerlo, ma il nome finiva in *erona*.

- Gesù: è un mostro. È un mostro. -

Quanto doveva essere alto, quel tizio, per costringersi seduto in tal modo? Troppo, più di quanto è possibile pur se nell'eccezione. E dire che bastava un centimetro, solo uno, per stringergli il braccio - Stavo per catturare il mostro che mi avrebbe catturato. -

Il cuore non accennava a rallentare, ma l'intelletto tornava disponibile - Lui gioca. Si para sulla mia strada come per caso, ma un caso non è. La prima volta che l'ho incontrato ero insieme al Topaccio e, ora che ci penso, quel balordo

non ha voluto avvicinarlo. È perché lo conosceva, per questo non mi ha accompagnato da lui. La seconda è stata la volta dei poliziotti; anche loro sapevano chi fosse, tanto è vero che sono scappati. La gente lo evita: e se ciò è comprensibile per un vecchio segaligno insonne, non lo è per tre giovanotti armati che, per giunta, dovrebbero aver cari l'ordine e la legge.
Adesso che non c'è più il Topaccio, né i poliziotti, ci siamo solo lui e io. -

Piantata all'angolo dell'ennesima via sconosciuta, al buio, la ragione si spremeva a cercare la domanda giusta la cui risposta era chiusa nella mente di un mostro.
E l'irrazionale si faceva vertigine nel pensare a quando, seduto, Aldo era sicuro di non voler partecipare al gioco di quello squilibrato, salvo poi parteciparvi l'attimo dopo.

Il compito della mente era di rimettersi al servizio dell'istinto di sopravvivenza e di farlo alla svelta. Il bontempone sarebbe tornato e Aldo doveva sparire da lì.
- Erona, erona... - dalla discesa soffiava vento di mare e, anche stavolta, scendere parve l'idea migliore.
- Via Verona? No, è nel ponente. - la mano recuperava il contatto col muro - Erona ... - ancora il buio fuori e dentro di sé, insieme all'umidità delle pareti, la sorpresa delle serrande, il legno caldo dei portoni chiusi.
L'illuminazione - Mascherona! Via di Mascherona e Salita di Mascherona stanno sotto a Piazza di Sarzano. -
Una piazza dove c'è gente, automobili e luce abbastanza per capire chi hai di fronte; e da Sarzano si scende

rapidamente a Cavour, o dalla parte opposta si arriva ai taxi di Carignano.
- Un taxi, sperando che non lo guidi un licantropo ... -
Aldo si diresse in senso contrario, finalmente forte di una meta; e appena immaginò la salita curvare a sinistra, ecco la salita disegnarsi. Attese a piede prudente l'arrivo di una scalinata da lasciare a destra e che giunse in ritardo di pochi passi. - Ora so dove sono! La piazza è a cento metri, proseguendo il falsopiano; qui c'è il cortile con la chiesa di Santa Maria in Passione, un rudere sconsacrato e dimezzato dai bombardamenti. -
La strada prese respiro e degli aloni di luce si spinsero nella tenebra - Ci sei quasi, bello, ci sei quasi ... -
E in piazza di Sarzano telefonare alla polizia - ... meglio ai carabinieri. - alla famiglia, agli amici, e tutto sarebbe tornato com'era. Una macchina l'avrebbe riportato a casa, a un letto mai tanto desiderato.
Arrivò il rettilineo e poco ci mancava che Aldo lo vedesse; a lato, la tetra sagoma della chiesa si stagliava in cielo e la voragine alberata emergeva dall'incuria.
C'era odore di cibo e si indovinava l'insegna della pizzeria dove Aldo, tanto tempo fa, aveva cenato con lei.
Ma qualcuno stava in piedi al centro al vicolo.

A ogni passo l'impressione trovava conferma. Un uomo solo, fortunatamente piuttosto basso, ostacolo al centro esatto del sentiero.
Aldo rallentò l'andatura. Alle spalle della sagoma senza identità, in fondo, passarono le luci di un'auto in transito.

Pur cogliendone il solo contorno, s'intuiva che l'uomo era fermo a faccia rivolta verso di lui.
- Ti conviene tornare in piazza, amico. - Aldo cercò la voce più disinvolta possibile - Giù non ci si vede niente di niente. Dammi retta: è meglio salire. -
L'ombra non rispose.
- Sono un medico; mi hanno rapinato e neppure so dov'è successo. Dalle parti del Ducale, forse in San Matteo. A Sarzano ci saranno dei taxi? -
Basso e con un cappotto addosso. Un cappotto a settembre? Mah, strano. Basso sì, però, basso e taciturno.
- Sei italiano? -
Troppo vicino alla meta, Aldo, per consentire a un sonnambulo qualunque di porsi tra lui e la vita di sempre; eppure si percepiva qualcosa di sinistro ancora non compiuto ai sensi, ma che non per questo non c'era.
Mosse un passo, facendosi ancor più amichevole - Vieni, dai: in due ci si fa coraggio e stanotte ce n'è bisogno. -
La forma del capo era simile a un cono e chissà che il cappotto non fosse una tunica con cappuccio; forse si trattava di un frate e incontrarlo nei pressi di una chiesa poteva suffragare l'indizio.
- Però la chiesa è sconsacrata ... -
Si udì una litania cupa e frusciante, anche se Aldo non ne era sicuro. I sensi tornarono in allarme - Come dici? -
L'incappucciato bisbigliava una preghiera composta da lunghe vocali, ma debole da essere incomprensibile.
- Non capisco ... - si sa che nei carruggi ci sono sette di ogni confessione, dalle tradizionali fino ai culti rivolti a divinità astruse se non addirittura al Maligno.

Un ulteriore passo portò Aldo a indovinare il disegno di una maschera più scura del contorno e, nel cappuccio, un'apertura in corrispondenza del volto. Una risata arrivò dalla piazza, qualcuno frantumò una bottiglia.
Sono trenta metri, Aldo: perché stare impalato davanti a un frate, quando la meta è a portata di mano?
- Io devo raggiungere la piazza: tu fai come ti pare, ma lasciami passare. -
Una decisione genuina o la sgangherata reazione alla sua fragilità? Inspiegabilmente, Aldo sentiva di non avere di fronte un balordo qualunque.
- Fammi passare. -
Ogni considerazione sull'apparente facilità con cui lui, uomo robusto, saprebbe spostare un piccolo incappucciato dalla strada che porta fuori da un incubo, non sapeva imporsi su quanto i sensi gli comunicavano. E per loro a sbarrargli la via c'era un'entità infinitamente grande - Ti prego, lasciami uscire. -
Passargli vicino vuol dire guardare nell'apertura del cappuccio e là cosa c'è da vedere? Il buco nero non è forse il luogo dove sta tutto quel che non sei riuscito a vedere prima? Non è dentro il buio nel buio ciò che non hai mai affrontato solo per la paura di soffrirne?
E ancora: in quali percentuali vedrai dividersi, nella voragine aperta nel cappuccio, il passato e il futuro?
- Devo arrivare in fondo a questa via, - disse, parlandogli come si parla a un padre - perché il coraggio per fare quel che devo fare passa da qua: raggiungere un telefono, chiamare una persona e dirle che avevo torto, dirle che ho sbagliato e che il mio errore è il vetro oscurante che oggi

mi separa dalla gente e che mi impedisce di capire, che mi impedisce di vedere.
Devo chiedere perdono. Perdonami anche tu, perdona gli errori meschini che ho commesso. -
Anche il vento sembrò placarsi e, terminato il suo dire, lassù rimase il silenzio.

Belle parole, ispirate, quasi commoventi.
Ma anche il discorso più profondo non lo sarà mai abbastanza da poter prescindere dal soggetto cui è rivolto.
Se avesse parlato a Dio, davvero Aldo poteva pensare che lui non si sarebbe accorto che dietro a quelle parole c'era anche la paura, la voglia di tornarsene nel guscio?
E se fosse il diavolo? Lui non ne avrebbe apprezzato la parte sincera. E poi di certe cose lui se ne frega, ne ride. Senza contare che l'incappucciato era a piedi mentre, almeno per quella notte, il diavolo si spostava in motorino.
La terza ipotesi è che in mezzo al sentiero, scherzo del buio alleatosi a una vetrata, ci fosse un'immagine riflessa e che quello sgorbio silenzioso non fosse altro che Aldo stesso.
E allora qualsiasi discorso sarebbe stato doppiamente inutile, giacché alle parole migliori si poteva rivelare più efficace una semplice azione: spostare l'intralcio, ammesso che esista, e andare a fare ciò che si vuole, fossero le cose dette o delle altre.
Ma a che serve domandarsi ancora una volta qualcosa che rimarrà senza risposta? Chiunque fosse, il religioso non aveva accolto la preghiera e toccava ad Aldo cedere il

passo, cercando dentro di sé il motivo per non aver meritato l'assoluzione e così tornare a scavare cieco nelle proprie suggestioni.

Non c'era niente da aggiungere, né altro da fare che girarsi e riprendere il passo misurato a decimetri.

Verso il silenzio rotto da una pernacchia recitata; verso il buio crescente e liquido dove galleggia un fanale tremulo, fermo più in basso ad aspettare.

La mano destra radar e la sinistra scandaglio, si punta la discesa. Brevi modulazioni dell'acceleratore gli domandarono *E allora?*
- E allora niente! Ma adesso so dove sono. -
Davanti, metro più metro meno, c'è una biforcazione dove il vicolo più piccolo rappresenta la scelta migliore. Finito quello ci si immette in una strada che arriva al porto. Fossero cento metri o cinquecento, metterci dieci minuti o mezz'ora non importa: quei metri andavano fatti.

Il faro tremolava a due passi da lui, quando Aldo imboccò la via messa esattamente dove si aspettava che fosse. Il motore accelerò per allontanarsi, facendosi debole fino a scomparire - Bravo, vai a giocare da un'altra parte. -

Il primo incrocio era passato, letto negli spigoli da mani ormai esperte e dal volto nella brezza.

Ma, ahilui, c'è un cambio di pendenza di cui non poteva ricordarsi, una breve discesa seguita da tre gradini. Il piede non trovò niente sotto di sé, il corpo aumentò la velocità e Aldo batté violentemente il ginocchio in un ostacolo che ruzzolò con lui, dandogli a momenti l'appoggio necessario e negandoglielo l'istante dopo.

Aldo si ritrovò sdraiato con la gamba destra sepolta sotto a un cubo rimbombante. Uno spigolo del cubo gli si era spinto fin dentro al costato, prima di fermarsi a storcere la rotula - Cristo! Cristo! -
C'era qualcosa di bianco pressappoco là dove finiva la sua gamba sinistra, distesa e incolume - E quello cos'è? -
Era solo il suo calzino, candido a ricevere la luce da una fonte in avvicinamento laterale che, pian piano, marcava l'angolo nero della casa accanto. Il motore avanzava lento, inesorabile - Arriva. -
Scrolloni e cigolii sempre più forti, metro dopo metro; rapidamente Aldo ritirò dall'incrocio la gamba, perché la calza doppiogiochista non lo tradisse.
Il terrore si sostituì ai dolori: Aldo poteva liberarsi dalla morsa dell'oggetto, pesante ma non troppo, però gliene mancava il tempo. Il faro era ormai vicino allo spigolo, adesso stampato nitido dalla luce palpitante.
Il cerchio della ruota spuntò di un centimetro e si fermò.
Una bocca rotonda e nera gli stava a un palmo dal volto: l'oggetto che lo seppelliva era il relitto di una lavatrice.

Il cuore rimbombava nelle orecchie, ma anche da dietro l'angolo arrivò del rumore: un clak, un altro, il cigolio di una molla che si tende e uno scatto ancora.
Ora il motorino era sul cavalletto e Aldo, impietrito, sedeva indifeso a un metro dal mostro.
L'apri-valvola strangolò la pernacchia, riconsegnandogli un mondo buio e silenzioso.

Gli occhi erano sbarrati perché neppure una particella di luce potesse sfuggir loro, fissi allo spigolo da poco amalgamatosi al nero - È qui. -
Non più un suono da dietro l'angolo; le orecchie tese l'avrebbero percepito per minimo che fosse - Mi sta guardando: ha sporto la testa e mi fissa. - intanto Aldo cercava l'appoggio per alzarsi - Magari s'è chinato e la testa che mi aspetto a due metri d'altezza fa capolino qua in basso. - la lavatrice opponeva troppa resistenza per spostarla senza far rumore.
- Lui mi vede, vede anche al buio. - un refolo; Aldo ebbe l'impressione che mostro si accucciasse a un palmo da lui. Prese allora a muovere la gamba libera e a roteare le braccia, inorridito al pensiero di averlo vicino. Cento volte rischiò di rompersi le mani colpendo muri e gradini così vicini al suo gesticolare - Vattene, maledetto! -
La lavatrice s'inclinò fino a ribaltarsi, liberandolo. Il dolore non fu neppure percepito e anche l'altra gamba si mosse a difesa disperata.
Quasi senza accorgersene, Aldo si trovò in piedi appiattito al muro dirimpetto; la mano trovò dietro di sé lo spigolo di un vicolo precisamente di fronte al motorino posteggiato. Prese allora a camminare a ritroso, con la sinistra in alto e tesa a parare le mosse dell'avversario.

Un metro, cinque, dieci e Aldo tornò a ragionare - Non mi ha attaccato. Lui sapeva dov'ero, eppure non lo ha fatto. -
Si girò per camminare come si deve lasciando al braccio sinistro, ripiegato tra capo e collo, l'incarico di parare le spalle dal colpo a tradimento che poteva sempre arrivare.

La direzione certa era smarrita, ma a suo tempo si poteva riquadrare la rotta: al momento Aldo doveva allontanarsi dalla piazzetta dove il nemico aveva posteggiato il catorcio, così perdendo la già rimpianta rintracciabilità.
E chissà se nel buio dietro di lui, passo a passo come un'ombra, il mostro non si divertisse a seguirlo, pronto a fermarsi se Aldo si fermava e a riprendere il cammino appena Aldo lo riprendeva.

Un viottolo a salire - No, meglio scendere; se perdo l'orientamento anche stavolta, sono fottuto. - ma sul versante opposto c'erano solamente muro e saracinesche.
D'un tratto l'aria si riempì di suoni ovattati; ancora qualcosa di incredibile accadeva in quelle lande.
L'aria portava musica.

Atto sesto: qui messer Aldo si riposa, mentre le candele ballano il valzer.

Talvolta rinvigoriva come se provenisse da dietro una porta che si apre e richiude o da una tenda scostata.
Musica che non sembrava parte di una liturgia pagana e che allora è divertimento, è gente che ama riunirsi.
Ed è luce, è corrente elettrica, magari è un telefono: cose che fanno la differenza tra cavarsela o soccombere.
- Mi sto allontanando dalla fonte. - avutane la certezza, invertì la direzione.
In basso, squittii segnalavano il rabbioso pasto di una colonia di topi, forse accaniti sulla carcassa di un animale più grosso o a contendersi il vomito di un ubriaco: che sia la fine riservata a chi si smarrisce da quelle parti? - Aprite la porta, scostate la tenda, che io non sbagli rotta. -
La destra lesse lo spigolo, idem la sinistra; Aldo vide, a terra e lontano venti passi, una striscia di luce come un'oasi nel deserto. La fetta luminosa si allargò e la musica riempì il vicolo. Un uomo uscì dal portoncino e si accese una sigaretta; la sagoma era di una persona comune, dunque Aldo poteva avvicinarsi.
Nuovi dettagli lo rincuorarono: altezza media, età matura, trovarsi di spalle. Nulla di cui aver paura; anzi, era Aldo che spuntando all'improvviso poteva spaventarlo. Decise di dare due colpetti di tosse, mossa utile per vedere chi

fosse quel tale e cautelarsi contro i brutti scherzi; in pratica, riservarsi la possibilità di allearsi alla tenebra.
Il nord-africano trasalì nel sentir arrivare qualcuno ancora invisibile; si mosse verso la tenda - Aspetti! Sono un medico: mi hanno derubato e ho bisogno di un telefono. - Quello non rientrò, curioso di vedere chi stesse parlando.
- Devo telefonare. Ora non ho un soldo, ma giuro che domattina le farò avere una ricompensa. -
Il nord-africano gli sorrise ebete perché non capiva mezza parola d'italiano - Guarda caso... Io dottore. Telefono, capisci? - mimò prima uno stetoscopio e poi un cellulare.
Il tizio lo invitò a entrare.
- Dentro c'è il telefono? È una festa? -
- Festa. Festa. - rispose, capendo non si sa cosa.
- Festa, festa. - la tenda si aprì su un ingresso male illuminato, dei giovani marocchini lo guardarono entrare.
- Buonasera. -
- Buonasera. - rispose qualcuno.
La luce filtrava da due finestroni, rubata a un ambiente interno da dove arrivano anche la musica e il vociare: la festa era di là, oltre una seconda tenda.
- Parlate Italiano? Devo telefonare, sono un medico. -
Il seguente conciliabolo in arabo chiarì che non sarebbe stato facile capirsi; nella raffica di consonanti Aldo sentì ricorrere il nome Alì o qualcosa di simile.
Uno si sganciò dal gruppo, diretto alla sala principale. Scostando la tenda arrivò una musica di chitarre e tamburelli fra le chiazze di luce da tante candele.
- Telefono? - gli chiese uno - Nokia? Ericsson? -

- Esatto. Devo chiamare la polizia o i carabinieri ... - parole che loro intesero come una minaccia; doveva essere un covo di clandestini, dunque l'atteggiamento disponibile si fece diffidente.
Provò a recuperare la gaffe - Volevo dire che ... - ma adesso come poteva rendere un'idea tanto elaborata?
I marocchini si disinteressarono ai suoi discorsi e, pur tenendolo d'occhio, ripresero i loro.
Quello inoltratosi poco prima tornò accompagnato da un ragazzino - Ciao, io Khaled. -
- Ciao: io sono un medico e poco fa ho subito una rapina. Un mostro mi sta seguendo, insomma, devo telefonare. -
- Parla lento: io capire poco. Io arrivato lunedì. -
- O Gesù: hai un telefono? -
- Ho Nokia, ma tu non telefonare: è Nokia rubato. -
- Ecco, appunto ... - chissà nei secoli quante attività aveva ospitato quel posto, quanti uomini ci avevano lavorato. Grossi anelli alla parete segnalavano la remota presenza di animali e c'erano una macina, dei banchi da lavoro vecchi di un secolo e crogioli e stampi in ferro come se, un tempo, qualcuno ci colasse del liquido.
Gli altri avvertirono Khaled che lo straniero partorito dal buio intendeva chiamare la polizia.
- Tu chiami polizia? Perché? -
- Perché mi hanno derubato. Come faccio a spiegarti? Khaled: c'è qualcuno che conosce bene l'italiano? -
- Vieni. -
Oltre la tenda c'era la festa, composta e misurata come da noi non usa più; la maggior parte delle persone intasava la parte centrale, a parlare o a ballare. Ai lati, dove il

colonnato segue il perimetro, era più facile camminare; qua e là spuntavano padelle ancora sporche e semivuote bottiglie di birra o di bevande dai nomi insoliti.
E candele ovunque, a illuminare i colori dei vestiti e dei drappi alle pareti, teli appesi a nascondere le zone annerite di dove un tempo si concentrava il lavoro.
Dal porticato partono brevi corridoi verso ambienti meno illuminati, racchiusi in volte basse e pieni di calcinacci.
La storia del palazzo la leggi nei differenti stili delle colonne: alcune sono originali, di marmo e proporzionate nel capitello; altre, sostituite nei secoli, sono in cemento e pietra e, infine, ci sono pilastri in mattoni male intonacati.
La presenza delle molte candele era giustificata dalle tante casse accatastate in un angolo, piene di ceri; quel magazzino era stato una fabbrica di lumi andata in rovina con l'avvento dell'energia elettrica.
Khaled lo condusse al porticato, da dove si vedeva bene l'ingresso e la zona riservata al ballo delle sole donne; i maschi stavano a commentare seduti su sedie di plastica colorata, le stesse dei bar di qualche decennio fa.
- Aspettiamo Malak, lei sa italiano. Lei capisce te. -
- Non è ancora arrivata? -
- Lei uscita. Lei torna presto. -
- Grazie. -
- Tu ascolta musica: ti piace musica? -
- Sì, mi piace la musica. -
Aldo sedette sull'angolo di un tavolo e sentì affiorare gli acciacchi; ma era piacevole stare nel calore delle cose che, pur se misere, sembravano funzionare secondo le leggi del mondo reale.

Le ombre sui muri erano grandi, magiche, e la luce dava il meglio di sé nel suo esserci e non esserci: la giusta misura tra l'illuminazione del party e la tenebra del dopo.
- Malak è andata a prendere amico per gioco di stasera. -
- Che gioco è? -
- Non so bene, io arrivato lunedì. -
Ora non sembrava così importante tornare alla vita di sempre e Aldo poteva lasciar passare i singoli attimi senza pensare che solo la smarrita fosse l'unica realtà possibile.

- Eccola, è tornata. Io vado a dire che tu vuoi parlare. - avanzando a spintoni, Khaled si diresse verso l'ingresso.
Dalla tenda era spuntata una ragazza vestita di una tunica bianca e la gente l'accolse con affetto: era attesa. Il volto sottile, i capelli neri e mossi, le movenze eleganti, un sorriso per tutti: in lei, ogni gesto sublimava grazia.
Aldo la osservava e dentro sentì formarsi un'onda, il brivido che pensava di aver perduto.
Khaled la raggiunse e attese che una signora finisse di parlarle; forse la donna le chiedeva qualcosa a proposito di un passo di danza, perché Malak volteggiò leggera portando alla fronte un braccio dalla mano pigra.
La donna, incerta, provò la figura.
Quando Khaled avvicinò la bocca all'orecchio della ragazza, lo sguardo rapido e magnifico colpì Aldo. Lei disse due parole al ragazzo che, a spintoni, tornò per riferire - Lei viene prima che può. -
- La aspetto. - rispose Aldo senza staccare gli occhi da lei.
- Io torno da amici. Ciao. - il giovane si consegnò al flusso principale, un fiume circolare di persone.

- Ciao. Grazie. -
Nella notte nera si apre una feritoia illuminata con dentro una ragazza adesso intenta a parlare con le persone più influenti della comunità: c'era da prendere delle decisioni importanti o, almeno, così pareva.
Dopo tanti passi al buio, la differenza salta agli occhi: immobile da troppo tempo, Aldo tornava a muoversi proprio nel momento in cui, seduto fra le padelle e i piatti sporchi, aveva le gambe a penzoloni da un tavolaccio.
-
La tenda dietro Malak si scostò e dietro c'era lui: lo stipite superiore ne nascondeva il volto e a fare capolino era un busto lunghissimo su delle gambe smisurate.
Uno spolverino striminzito e dalle pezze pendule gli stava addosso a coprire la tuta sporca.
Aldo sussultò - Attenta, è alle tue spalle! - e nello scatto che lo scosse c'era l'istinto di proteggerla; ma la ragazza sapeva chi le stava dietro, lo sapeva al punto da immaginare che fosse quello l'amico che lei aveva recuperato nel buio fuori.
Il busto si torse di lato perché la testa potesse oltrepassare l'ostacolo e, appena che fu, il volto di lupo sorrise alle persone che lo salutavano deferenti.
Il nuovo arrivo spinse la calca verso la stanza confinante, tanto che il flusso di persone avvolse Aldo e prese a spostarlo lungo il porticato.
Allo stesso tempo, gli occhi del mostro cominciarono a muoversi rapaci come se cercassero qualcuno.
Trascinato dal flusso, Aldo neppure si stupì che quello sguardo si fermasse nel suo; e a ogni colonna che lo

interrompeva, sùbito il filo si ricuciva una volta passato l'ostacolo.
Nascondino o mosca-cieca che fosse, un modo silenzioso per preparare il duello.

Ormai giunto fuori vista, Aldo uscì dalla calca ed entrò in una stanzetta a lato.
Oltre la tenda, due giovani smisero di scambiarsi carezze e piccoli baci - Buonasera. - gli disse lei.
- Buonasera. Mi spiace avervi disturbato. Vorrei sedermi un minuto. - indicò il vecchio divano che, spalliera rivolta all'ingresso, guarda la parete di fronte.
- Nessun disturbo, siediti pure. - la coppia sciolse l'abbraccio, imbarazzata quanto lui - Noi aspettiamo che passi la folla per andare a vedere la lotteria. Tu ci vieni? - gli chiese il ragazzo.
- Preferisco riposare un po'. Il divano pare comodo. -
- Vecchio e polveroso, ma comodo. -
Al suo sedersi, le candele inchinarono le fiammelle; davanti si trovò la parete a fondo stanza, con le tele arabescate e i macramè tra i bizantinismi d'umidità.
Mani dietro la nuca, Aldo socchiuse gli occhi; a quel tepore s'accorse di quanto freddo avesse provato lungo il suo vagabondare.

Alle sue spalle, i ragazzi lo salutarono - Cominciano le estrazioni: noi andiamo. -
- Permettete una domanda? - chiese senza voltarsi.
- Dimmi. -
- Da quanto tempo siete in Italia? -

- Io da dieci anni, lei c'è nata. -
- Pensavo che foste tutti arrivati da poco. -
- Alcuni sono arrivati da poco, ma molti di noi vivono qui da un pezzo. E adesso, se vuoi scusarci ... -
- Buon divertimento. -
La coppia mosse l'aria, le candele mossero la fiamma.
Aldo rimase solo a riposare gli occhi.
Non poteva essere un caso se all'ingresso nessuno sapesse rispondergli: era capitato dentro a un gioco, non si sa perché. Però qualcosa andava svelandosi: il gigante indossava la tuta di un fabbro e di lui aveva sentito parlare da un venditore di biglietti della lotteria messo davanti a un portone chiuso, ricordo di una vita fa.
E per quanto non se ne capisse il motivo, perché un motivo non c'è, tutto tramava affinché il mostro e Aldo arrivassero alla sfida finale.

Dalla stanza delle estrazioni giunsero corali esclamazioni di sollievo - Chissà di che si tratta ... - si disse piano, trasognato.
E se tempesta sarà, è bello godere di un po' quiete; spalle alla porta, incurante se la finestrella potesse rappresentare una via di fuga, c'era da assaporare un'oasi di sereno per poi andare incontro al futuro con un buon sapore in bocca, almeno quello. Venne estratto un premio grosso e arrivò un grido all'unisono.
Lui, calmo, stava seduto ad aspettare.

Per mille volte aveva riconsiderato la serata alla luce dei pochi punti fermi, e la logica testimoniava che la notte dovesse essere finita, o quasi.
Adesso che la cosa aveva perso importanza, Aldo guardò la finestra: oltre i vetri sporchi non c'era che il buio.
Le fiammelle danzarono: qualcuno era entrato nella stanza e adesso gli stava dietro - Chi sarà dei due? - lui, con ancora gli occhi agli arazzi sul muro.
Piano alzò lo sguardo, poi torse il capo, poi il busto: all'ingresso c'era Malak.

Aldo tornò composto.
- Ho saputo che vuoi parlare con me. -
Le candele mossero ancora la fiamma: che spettacolo è la luce radiosa farsi fumo nero, salendo.
- Forse non ha più senso. -
A lato del campo visivo comparve la tunica bianca.
- Posso sedermi? - la voce era dolce, appena roca, deliziosa da potercisi smarrire.
Il divano quasi non ne avvertì il peso leggero, solo le candele si accorsero di lei.
Prima di socchiudere gli occhi, Aldo guardò il viso incantevole nel chiaroscuro - Scusami, per me è una notte difficile. -
- Lo so. -
Di là, ancora un'estrazione; forse il primo premio, perché l'urlo salì forte e vi fu un applauso.
- Di che gioco si tratta? -

Anche lei si appoggiò allo schienale - Vengono estratti dei biglietti, uno per ogni partecipante alla festa o appartenente alla comunità. -
- I premi sono belli? -
- Non c'è granché da mettere in palio, ma abbiamo lo stesso inventato qualcosa di utile. -
Una volta di più il tempo sembrò dilatarsi - Che cosa? -
- Nell'urna ci sono tanti biglietti colorati, ma uno solo bianco e uno solo nero. Chi è di turno estrae il proprio: se è colorato, non vince né perde nulla. -
- Curioso ... -
- Se gli arriva il biglietto bianco, però, vince il sostegno del gruppo; avrà un lavoro, se ancora non lo ha, avrà una casa e cibo mezzogiorno e sera finché gli sarà indispensabile. E altro ancora. -
- Bella idea. -
Solo poche parole e tutto è lontano; un uomo e una donna insieme senza pose fasulle né frasi d'abitudine, semplicemente un uomo e una donna. La follia è rimasta fuori da lì e sembra naturale, sembra bellissimo, che tutto possa ricominciare da un divano impolverato.
Il resto non conta più, il passato è robaccia da buttare via.
- Io e lui estraiamo i biglietti per chi è assente, per chi non può venire o per chi c'è ma non partecipa. La comunità si fida solo di noi, solo lui e io possiamo farlo. Prima di estrarre viene detto il nome di chi avrà il biglietto, però, così che tutti lo sappiano e possano confermare. -
- Un incarico delicato verso chi non è presente, semmai dovesse vincere. -
- Sì. -

Eppure il tempo passa, la cera si scioglie nei piattini - Tu sei la sua ragazza? -
Aldo udì lo sbuffo che accompagna il sorriso - Lui non è tipo da avere ragazze. -
- Cosa siete, l'uno per l'altra? -
- Non è facile da spiegare. - Aldo sentì sul viso una mano profumata e, lieve come la luce, un dito seguirgli il profilo - Siamo le facce di un'unica medaglia, diversi e inseparabili. - ancora una pausa - Sì, credo sia così. -
La mano gli accarezza i capelli, l'aria s'è fatta magica.
- Strana notte ... -
- Per noi che viviamo qui è una notte come un'altra. -
- Che belli i drappi al muro, i macramè ... -
- Li faccio io. Sono contenta che ti piacciano. -
- Per me è una strana notte, Malak, è strana davvero. -
- Lo so, Aldo. -
- Com'è strano che tu conosca il mio nome. -
- È un nome piuttosto comune. - sorrise.
- Il tuo è insolito, invece; dentro c'è qualcosa di fatato, qualcosa che prova a sfuggirmi. Malak... - lo pronunciò piano, a cercarne la musica - ... cosa significa? -
- Angelo. -

Poi gli fu sopra e i baci sostituirono le parole; dapprima fu il corpo sottile, poi il seno, poi la carne dolcissima. Sotto il sipario dei capelli si muoveva la malia dello sguardo, per un attimo animale e poi divino, prima di temporale e poi di sereno; e peccato che la musica fosse finita, peccato perché quando così tanta vita entra in una vita così-così diventa bello anche piangere.

Quando riaprì gli occhi trovò meno luce; delle candele ancora accese non rimanevano che mozziconi - Malak? - Si era addormentato, lei non c'era più.
Aldo si tirò su e, facendo rodere i calcinacci, mosse verso la stanza maggiore. Le luci tremule si inchinarono al suo passaggio.
La festa era finita; qua e là, focolai di discorsi a voce bassa tra individui coperti alla rinfusa; ai primi che scavalcò, chiese loro - Avete visto Malak? -
- È andata via da un quarto d'ora. -
Già vicino all'uscita Aldo ebbe voglia di fumare, ed erano ore che non la avvertiva. Preso il pacchetto dalla tasca si ritrovò in mano anche le altre cose; con l'ultima candela a disposizione accese la sigaretta, dopodiché fece ordine tra la roba uscita fuori. Le chiavi di casa, le sigarette e due fogli: il primo era il tagliando della lotteria comprato quando la sera era ancora giovane.
L'altro era un foglietto mai visto prima, un biglietto completamente nero.

Fuori, ancora una volta la notte sembrò incapace di avere fine; ma ora che Aldo cercava una persona, e che una persona cercava lui, il reticolo dei rapporti confondeva la meta, mescolandola con un'altra.
L'essere più temuto e quello più desiderato stanno nello stesso posto, legati da un patto vecchio quanto il mondo.
Vecchio quanto la pietra, fredda fino allo spigolo e poi niente; e poi di nuovo pietra.

Atto settimo: o del roditor cattivo, dei gendarmi e del posto dove i fulmini vanno verso l'alto.

Nell'oscurità, il cono luminoso di una torcia.
- Malak? -
- Eh? -
- Cerco Malak. - il fascio di luce lo colpì a stordirlo.
- Lasciami in pace. - ancora la voce scontrosa. Il cono tornò a frugare gli angoli.
- Topaccio, sei tu? -
- E tu chi sei? -
- Ci siamo incontrati prima, ti ho salvato dagli spazzini. -
- Sì, forse ti ho già visto. - rispose poco interessato, tanto che neppure puntò la torcia - Maledetti spazzini ... pagliacci che non sono altro. - loro se li ricordava.
Attorno a un sacchetto della spazzatura si muovevano ingordi topi grossi come conigli - Sciò! Andate via! Qui comando io! - si avventò sull'involucro, mentre i sorci si spostavano di malavoglia - Vediamo di cosa si tratta. -
Il Topaccio cominciò a sfasciare il sacchetto, spargendo ciò che non gli interessava; e quando servivano due mani, la torcia gli finiva in bocca tipo un sigaro.
I ratti tornavano in azione, reclamando la loro parte - Ve ne volete andare? - gridò lui, menando calci non sempre a vuoto.
- Si può sapere cosa fai, Topaccio, in giro nella notte a rovistare nell'immondizia? -

- Faccio le mie indagini. Guardo che cazzo butta via la gente e prendo la roba che mi serve. E se non c'è niente che mi va, lascio che se la sbrighino i miei attendenti. - illuminò le pantegane, già all'opera sullo scarto - Bravi ragazzi ... - se ne compiacque, amorevole. - Poco fa ho trovato delle cose bellissime! - tirò fuori di tasca una manciata di cose miserabili - Hai visto, eh? -
- Vieni, Topaccio, andiamo via da qui. - e quello sembrò dargli retta, seppur sempre affaccendato.

Dopo metri di silenzio, a sorpresa il vecchio parlò - Se non ti interessa la spazzatura, perché sei qui? -
- Il perché non lo so, ma anch'io ho trovato delle cose importanti. Prima volevo solamente uscire dai vicoli, ma adesso sto cercando una persona che vive qui. E qui c'è una persona che cerca me. -
- Non capisco e, a pensarci, nemmeno mi interessa; ma se vuoi uscire dai vicoli, perché non lo fai? Guarda là. -
Nella direzione indicata si apriva un vicolo tozzo alla cui fine sfrecciavano nei due sensi gli anabbaglianti di mille macchine: uno scorcio di Piazza Cavour, caotica al solito.
Le automobili, le luci e i rumori di una strada a grande scorrimento; di là dagli spigoli a venti metri ecco i taxi, le cabine telefoniche, le compagnie che rincasano dopo aver spinto al limite il sabato sera.
Venti metri dal poter telefonare, dall'imbiancare la stanza, dalla persiana che sbatte. Venti metri dal letto, dal comodino con sopra il Rolex e un foglio, dalle voci giù in cortile; dal sentire che fuori piove e che la giornata sarà complicata, forse un po' triste.

Venti metri dalla volta che bastava una parola e dalla volta che c'era solo da lasciar parlare gli occhi.
Dallo sgabello dove pende un reggiseno senza un nome; venti metri dalle volte che sei stato felice e non lo sapevi; dal ricordo di scelte troppo importanti per i tuoi occhi chiusi, venti metri dallo specchio dove riflesso ci sei tu che invecchi.

Alle spalle, la sagoma spettrale della chiesa di San Giorgio; davanti a lui l'ombra dell'arco che immette ai portici di Cavour, seguiti da quelli sghembi di Sottoripa. Aldo era là, fermo a guardare.

C'era luce abbastanza da seguire i marciapiede allontanarsi verso l'incessante scorrere - Topaccio: vedo qualcosa che potrebbe interessarti. -
- Eh? Ma te ne vai sì o no? -
- Ci sono dei sacchetti come nuovi. - indicò un mucchio a centro viottolo.
Il volto animale gli s'illuminò - Belli, grassi, freschi come piacciono a me. Grazie, amico: andiamo a controllare. -
Una macchina si fermò all'incrocio; dall'abitacolo proveniva un tum-tum assordante quasi quanto inutile. Un'altra auto giunse veloce e, stridendo a strappi, frenò a un pelo dal bagagliaio della prima; un giovane uscì dalla portiera lato passeggero, la più vicina ad Aldo, e si mise a urlare - Provo a chiamarli, ma il cellulare non va! -
La prima vettura si aprì e il tum-tum si sparse ovunque.
- Saranno a far colazione. -

Il ragazzo raggiunse l'auto degli amici; aveva gambe arcuate e l'incedere era teso a evidenziare il difetto - Che serata di merda. I cellulari che non funzionano, quegli stronzi che si perdono ... - non sembrava di buon umore.
- Hanno detto ci vediamo là. -
- Sì, vaffanculo. - il giovane si accorse che dentro al vicolo c'era un tipo che lo guardava: un tale col vestito ridotto a un cencio, immobile vicino a uno straccione che frugava nell'immondizia.
- Che cazzo vuoi, tu? Cosa guardi? - disse forte.
Aldo guardava, guardava tutto ciò che c'era in quel non buio, guardava e dentro era spaccato.
- Cerchi guai? Ti avverto che è una serata di merda. -
Aldo sorrise.
Sull'altro lato della piazza, una macchina si fermò e prese a suonare il clacson come fosse a un matrimonio - Eccoli, Franco. Con chi ce l'hai? Lascia stare quei due barboni e sali, altrimenti li perdiamo! - ordinò l'autista.
- Andiamo, va, che è meglio. - rispose Franco, salendo in macchina e regalando un ultimo sguardo minaccioso.
Le due vetture partirono in un carosello di strombazzate, frenate e minacce dai finestrini, indi il rumore tornò a essere di strada trafficata.
- Ce l'aveva con te? Lo conosci? - gli chiese il Topaccio.
- Mai visto prima; - venti metri - ma credo di conoscerlo lo stesso. -

-

- Guarda: tre uova scadute da una settimana, fiammiferi asciutti e una palla di plastilina. Non c'è male, eh? -

Il vecchio pazzo sta finendo il suo lavoro, Aldo, e a quel punto tu cosa farai?

Un autocarro girò nel vicolo, dirigendosi lento verso di loro; era tutto un cigolio, con i fari biforcuti e un pappagallo girevole sul tetto.
- Guarda chi arriva, Topaccio, ti conviene sparire. -
Fu un attimo: il Topaccio rivolse là lo sguardo e poi, carico di odio, lo piantò su Aldo. Qualcosa di luccicante gli comparve in mano e con esso lo colpì al fianco - Lo sapevo: vieni di qua, andiamo di là ... tutto un trucco! -
Aldo era in ginocchio, al centro del vicolo; la mano, corsa sul punto dove sentiva caldo, ne era tornata piena di sangue. Il vecchio lo incalzava da vicino.
- Arrivano i compari, eh? Tu e quei due buffoni volevate catturarmi, eh? Confessa! -
I fari sbilenchi in costante avvicinamento, il Topaccio che continuava a berciare - Mi avete preso per scemo, ti e loro, ma il Topaccio è un osso troppo duro per voi. Ah, ah: mi fate ridere! -
La faccia stravolta a pochi centimetri, le luci matte che si approssimano, il mondo normale che scorre poco più in là: tutto dentro allo stesso colpo d'occhio.
- Ciao, coglione; dai, ragazzi, andiamo. - i ratti si mossero da un marciapiede all'altro - Di' ai tuoi soci che mi hanno stufato: domani sera metto una bomba nella spazzatura, così quando la schiacciano saltano in aria. -
Il vecchio infilò il primo vicolo a disposizione, mentre il carro avanzava; il paraurti deformato si fece vicino un metro, poi mezzo e, fermandosi, lo urtò adagio.

Aldo era inebetito, in ginocchio e con i fari a riempirgli gli occhi; di nuovo la mano era stata sul dolore e ancora era tornata grondante sangue. Rumori di portiere aperte e poi sbattute rimbombarono nella foschia di luce.
- È proprio vero che se uno cerca un piccione, finisce che se lo trova a cagargli su una spalla. -
- Parole sante, Gianni, ma a quest'ora il forno avrà aperto! Propongo di buttarlo nel compattatore, fare un salto in piazza a dire che ci è scappato e, infine, andare a far colazione con focaccia e vino bianco. Che ne pensi? -
- Penso che sei scemo, Arnoldo: vorresti mentirgli? -
Si sentivano solo le voci, come in un sogno; le sagome non giungevano ancora, coperte dal chiarore.
- Facciamo finta che non lo abbiamo trovato. -
- Appunto, dico, vuoi mentirgli. -
- Ma, sì e no, insomma ... -
- E pensi che lui non lo scopra? Hai una vaga idea, tu, di cosa succede a chi non gli ubbidisce? -
- È quasi mattino e io ho fame. Io voglio ... -
- Tu vuoi morire. Non puoi ingannare il Saldatore. - disse Aldo, occhi bassi alla strada.

- Su, in piedi: dobbiamo portarti in officina. - fece Gianni.
- Non so se ce la faccio. -
- Ma sì, cosa vuoi che sia? Il Topaccio usa il manico di un cucchiaio, solo un po' appuntito: fa un male boia, ma buca quasi niente. Questo scherzetto l'ha già fatto due volte a me e a Gianni una. - lo rincuorò Arnoldo.

Aldo si tirò in piedi, aiutato dai netturbini. - Ho un messaggio per voi: il Topaccio dice che domani met ... -
- ... mette una bomba nel bidone della rumenta; quel vecchio pagliaccio lo dice sempre ma non lo fa mai. -
- Che ne pensi, Gianni: posteggio meglio o lasciamo la baracca in mezzo alla strada? -
- Lasciala lì. Che cazzo te ne frega? -

La torcia inquadrava le solite cose: lastroni d'arenaria, spigoli, soglie di portoni, ratti e pneumatici. Attorno c'era ancora il buio, ma ormai opaco; che da lì a poco sarebbe arrivata l'alba non era più in discussione.
Scortato da due spazzini sciagurati che, sul cammino, prendono a calci i sacchetti di spazzatura - Passa! - Dacci di testa! - Aldo si avvicinava al teatro della sfida.

- Dimmi un po': oggi giochiamo in casa o in trasferta? -
- Non lo so: da quando andiamo così male seguo poco il calcio. Anche stavolta c'è da aspettarsi di finire in C. -
- Sempre pessimista: il campionato è appena iniziato. -
- Il grifone, stavolta, ci lascia le piume. -
Aldo camminava a fatica; davanti a lui, oltre il cono di luce, l'unico futuro possibile.
- Mi sa che da lì la facciamo più lunga. -
Gianni illuminò le targhe delle vie - Forse sì. Quando hai appetito diventi uno stradario vivente, Arnoldo. -
-
In fondo al vicolo, chissà quale, dei lampi blu rischiaravano gli spigoli che aprono a una piazzetta.
- Ci siamo, ancora un piccolo sforzo. -

Di nuovo lampi e il nero angolo era alle spalle.
Aldo guardò il cielo, ma le saette non venivano da su.

Nella piazza si erano radunate molte persone, a ostruire la visuale sull'officina allestita vicino a un'edicola chiusa.
Il pubblico si fece da parte per dar licenza ai tre di giungere al centro della corte dove, raccolta tra le auto posteggiate e i banchi minori, c'era la postazione principale e là appoggiato il Saldatore.
Folgori dai tavoli degli apprendisti, con cascate luminose di lapilli e getti di scintille dalle mole flessibili. I lampi stampavano nitide sulle case le sagome delle teste degli spettatori mentre, da affacciato alle finestre, altro pubblico assisteva da posti privilegiati.
Il Saldatore era in ginocchio vicino al generatore di corrente che alimentava i punti-lavoro: forse l'impianto gli dava dei fastidi. Gianni, Arnoldo e Aldo giunsero davanti al banco - Ehm, eccoci, capo: l'abbiamo trovato. - Questi si voltò e, nell'accomodarsi sullo sgabello fatto a misura, si stirò in tutta l'altezza - Pensavo che foste già a fare colazione. - così dicendo il gigante fissò il grassone.
- No ... - smarrita la boria, Arnoldo balbettò - ... è che il Topaccio lo ha assalito e allora ... -
- Il Topaccio? - la bocca di lupo si piegò a un sorriso.
Gianni intervenne - Sì: il Topaccio lo ha ferito e così ci siamo mossi più lenti del previsto. -
- Il Topaccio ha mancato di rispetto a un mio ospite? - il tono calmo conteneva una minaccia.
- È stato un malinteso, non fargli del male. - disse Aldo.

In tralice nel buio rotto dalle scintille e dai riverberi freddi, il Saldatore lo guardò - Un malinteso? Se le cose stanno così, non gli farò niente. - gli sorrise.
La sua voce era il profondo tuono di tutti i lampi raccoltisi in piazza, ma non se ne coglieva solo il lato spaventoso: dentro c'era l'ironia del gatto quando lascia la preda e finge di distrarsi o l'ironia che è dell'intelligenza, disposta a spargere umorismo anche sul più ingrato dei compiti così da renderlo passabile.
La voce era calda, bellissima - Scagionato il Topaccio veniamo a noi: sei in ritardo, Aldo, temevo che non ce la facessi a raggiungermi. -
- Chiedo scusa, sono stato trattenuto. - sorrise stanco.
- Il tempo è poco, ma ce lo faremo bastare. - disse volenteroso; dopodiché, divagando - Ti ho visto braccato, incastrato in una ringhiera e sepolto sotto una lavatrice. Mi hai fatto stare in pensiero. -
- Mi spiace. -
- Però sono contento che tu abbia apprezzato la festa. -
- Sì, l'ho apprezzata. -
- Tornando al dunque, ti ho voluto qui perché tu possa guardarmi al lavoro. -
- Vederti al lavoro brucia gli occhi, irrimediabilmente, e preferisco non accettare. -
Un brusio percorse la piazza; il lungo viso si volse al pubblico per poi tornare all'ospite - A te la scelta. -
La macchina venne accesa e l'elettrodo avvicinò il ferro. Lo sguardo del mostro si era fatto profondissimo, prima che gli occhialini si abbassassero a proteggerlo.

Il vociare tacque e i netturbini si fecero da parte. La prima favilla salì in cielo, le ombre si fecero enormi ma Aldo, per proteggersi, chiuse le palpebre.
Intuì un lampo ancora.
Il Saldatore interruppe il lavoro; sospirando, sollevò gli occhialini - Non vorrai deludermi? - nell'ironia di poche parole si sprigionò un'energia enorme, forte da spaccare tetto e muri se fossero stati al chiuso.
Le palpebre di Aldo si alzarono e il filo tra gli sguardi si ricucì una volta ancora.
- Possiamo ricominciare. - il sorriso era splendido e aperto come quello di un padre.
L'elettrodo si avvicinava e, sfiorando il pezzo, generava le scintille che illuminano gli strumenti sul banco: il martello annerito, la morsa a tenere il ferro da brasare, la pinza di massa - Perché non dovresti guardare? Per vivere una vita di delusioni una in fila all'altra? Una vita di falsi bisogni, di politicanti che faranno di te un illuso e dove i giornali ti mentiranno? Un'esistenza dove non ti rispetta nessuno e in cui aprirai gli occhi giusto in tempo per richiuderli, mentre capisci che che sei sempre stato solo? - gli mostrò l'elettrodo - Qui no, qui non sarai mai solo. Vedi? Cose ormai distanti, sole e dure, tornano a legarsi e altre che non si sono mai viste staranno insieme per l'eternità. Saldare è unire, è congiungere: saldare è celebrare un rito antico e nobile. -
I coriandoli di luce dai banchi degli apprendisti si spensero, perché quella sera il Sacerdote voleva spendere due parole sul significato del suo uffizio - Molti si sono uniti a me senza capirne la ragione, lo so, con la

leggerezza di sempre. Per costoro io sono il re di una corte dei miracoli sparpagliata nel mondo ma unita nel vincolo di una setta. - con un cenno del mento indicò la massa di spettatori; la voce si incrinò di amarezza - Fra loro c'è anche chi mi reputa solo un teppista di talento, ma sappiamo come sono le persone: tu regalagli un segreto vuoto e loro lo riempiranno di un significato. -
Sopra la piazza, opaca arrivava l'aurora.
- Rimpiangere l'amore vero e la gioventù? Illusioni, roba di plastica. Ecco perché saldare è importante: per chi non può crearne, è l'unico modo per generare forme nuove. - l'elettrodo si diresse al pezzo - Da te mi aspetto grandi cose, Aldo, io ho bisogno di te quanto tu di me. -
Il pubblico in piedi e quello alle finestre attendeva immobile che si compisse il sacramento; qualcuno tossì, con l'imbarazzo di chi lo fa a teatro, le scintille sfrigolavano sul banco principale.
Il Saldatore alzò il profilo al cielo traslucido - Eh, si rischia sempre di dar ragione ai peggiori ... - poi tornò ad Aldo, che ne sentiva lo sguardo anche dall'ombra - Vorrei ancora parlare con te, - alzò un dito a indicare l'incombere dell'alba - ma c'è da far presto. - l'elettrodo trovò il punto, la mascherina tornò sugli occhi.
L'ultimo fotogramma da portare con sé, l'ultimo ricordo di una vita sbagliata, era pronto a scolpirsi nella memoria: ombre di persone e cose e case, segmenti di uno scuro raccoltosi al centro di un buio più grande.
- Qui c'è luce, qui sarai rispettato, qui sei il benvenuto. -
Piccole saette d'assestamento; e poi una grossa che si alzò al cielo, riempiendo la piazza e gli occhi di Aldo.

- Lascialo uscire. -
Il Saldatore sospese il lavoro, alzò gli occhialini e si volse: sopra al motorino, posteggiato vicino all'edicola, c'era seduta una sagoma vestita di bianco. Accanto a lei, il cupo contorno di un banchetto della lotteria.
- Come dici? -
- Lascialo uscire. -
Il Saldatore veniva interrotto nel suo lavoro. Chiunque avesse osato farlo sarebbe stato incenerito sul posto, si sa. Chiunque, ma non lei - Ormai è tardi. Il giornalaio ha già comprato la focaccia, fra cinque minuti sarà qui. -
Il gigante lasciò cadere l'attrezzo; il suo sguardo cercò pazienza verso l'alto, a dire ... *e tu vai a capire le donne!*
- Lascialo uscire, di' agli spazzini di scortarlo fuori. Sarà per un'altra volta. -
Appena roca, bella da potercisi smarrire; inutilmente, Aldo la cercava tra i bagliori che il lampo gli aveva impresso negli occhi.
Il Saldatore si alzò in piedi; si udì il tac dell'interruttore della macchina dopodiché lo scatto che spense il generatore, riconsegnando la piazza al silenzio.
- Avete sentito, voi due? Scortatelo e fate presto, che c'è da aiutare gli apprendisti a mettere a posto. - poi, rivolto al pubblico - Andate a casa, la commedia è finita. -
Aldo si sentì afferrare per le braccia e, insieme a chi lo sorreggeva, cominciò a camminare; voltandosi la cercava, ma era troppo presto per tornare a vedere.

Malak, però, non pensava a lui; il sorriso e lo sguardo di sfida erano rivolti al compagno di sempre, stavolta vittima di uno dei suoi scherzi.

Il buio era ancora pieno di lampi, ma che perdevano di intensità. Tra questi uno era tondo e mobile, il cono di luce a precedere lui e i netturbini.
- Sembrava che mi avesse sentito parlare. Avremmo dei microfoni nascosti? -
- Te l'avevo detto. Non so come faccia, ma sa tutto. -
- Speriamo che si dimentichi dell'incidente, che adesso io non gli stia sui coglioni, che ... -
- Se non ti ha fatto niente vuol dire che gli servi ancora. Può darsi che non lo sapesse, ma solo lo sospettasse. A proposito: - il tono tornò canzonatorio - sbaglio o davanti al Saldatore ti sei cagato addosso? -
- Andate affanculo tu e lu ... -
- Io e chi? -
- ... andate affanculo tu da solo! -

Ricomparvero i pneumatici da scansare, un marciapiede da salire, una cacca da evitare.
- Ho pestato una merda. - si lagnò Arnoldo.
- Vedi che sei scemo? -
- La finisci? -
- Cambiamo discorso: oggi c'è il Gran Premio? -
- Non lo so, forse corrono le moto. -
- Non sai mai niente, pensi solo a mangiare. -
- Piuttosto: dove andiamo a far colazione? -

I tre si fermarono sul finire di un vicolo. Gianni illuminò una porticina, armeggiò con le chiavi e la aprì. Al di là degli stipiti la torcia mostrò un cortile pieno di ferraglia.
- Attento a dove metti i piedi, Aldo; c'è un sacco di oggetti taglienti e non vorrei che ti facessi male. -
Ne ridacchiarono tutti e tre.
Scavalcando il disordine, approdarono all'officina. Nel cono di luce comparvero macchinari vecchi e tenebrosi.
Su una sedia c'era posato un sacchetto con dentro del lavoro a maglia, forse un macramè. Oltre una tenda da doccia, con i trenini stampati sopra, c'era un'altra porta; Gianni scostò la tenda, aprì l'uscio e lo assicurò al muro esterno: insieme al cigolio dei cardini entrarono la penombra e il rumore del traffico.
- Ok, sei arrivato. Stacci bene. -
- Ciao. -
- Arrivederci. -
Un passo dopo, Aldo si trovò sotto i portici di Sottoripa; davanti a lui scorrevano le auto con i fanali ancora accesi.

Gran finale.

Il dottor Aldo Bellini era appoggiato alla ringhiera che dà sull'acqua, fermo con il piede sopra una bitta in ferro.
Dietro gli sfrecciavano le macchine a fari accesi, mentre all'imboccatura della diga un traghetto illuminato a giorno si avvicinava incurante. E a cambiare il tempo e la stagione dal largo arrivavano nuvole scure.
Sarebbe piovuto davvero, domenica ventotto settembre duemilatré.
Da quelle parti il black-out sarebbe finito nel primo pomeriggio. Altrove, un po' prima o un po' dopo.
Appena possibile la tv informò la popolazione, in allarme per la tensione instillata dal terrorismo, che si trattava di un banale accumulo di neve che, in Svizzera, aveva fatto cadere un albero sulla linea elettrica. Sarebbe seguito per giorni, atteso e stanco, il palleggio delle responsabilità.
La giornata di campionato si svolse regolarmente; la Polizia, come sempre, garantì l'ordine negli stadi.

L'arpia in ferro battuto, l'insegna di un antiquario, arrugginisce colando gocce brune; per lei presto sarebbe arrivato il momento di provvedere a un minimo di manutenzione. Poco più sotto, famiglie di rom in bilico tra il lecito e l'imbroglio avrebbero in qualche modo pranzato anche quel giorno. Il Comune aveva stabilito di procedere allo sfratto forzato dei vecchi palazzi in rovina, perché una sana speculazione edilizia dotasse di un parcheggio il sestiere e liberasse il centro da una discarica dove vanno a morire le macchine rubate nei paraggi.

Poco sopra Mascherona, il proprietario della pizzeria Vera Napoli trovò il suo Pulcinella di cartapesta spostato in mezzo al vicolo; con la moglie a tenergli l'ombrello, dovette sbrogliare la catena che lo assicura al muro e risistemarlo all'entrata.
Certo: da quando lo incatenava aveva finito di andare a recuperarlo in fondo alla discesa perché preso a calci dai ragazzacci della zona.
Il cappuccio lo aveva riparato poche settimane prima, tappandone i buchi delle pedate, e aveva ridipinto di nero la maschera stinta dal sole.
La chiesa spaccata sta imponente a lato del vicolo; da quando Dio non è più là, solo i magri alberi alzano al cielo una preghiera di foglie mosse dal vento.

- Come si fa ad amare l'Opera Lirica? - Aldo si trovò in mente qualcosa del genere a proposito di certa fissità che, in condizioni di luce o di non-luce, domina le storie e i personaggi di tutto un repertorio.
Pensieri bislacchi di un uomo solo e stanco.

- Perché lo hai fatto uscire? Che senso ha? - ripeté lui, mentre la mano teneva scostata la tenda.
- Per farti arrabbiare. So quanto ti urta essere disturbato mentre sei al lavoro. E poi detesto quando attacchi con le filippiche sul significato di ciò che fai: diventi noioso. -

- Eh, ma così hai invalidato l'estrazione. -
- Intanto avevo barato. -
Piegato come un amo a guardar fuori, al Saldatore sfuggì un sorriso luminoso sul viso annerito.
Lei riprese a sferruzzare.

Vicino al molo passava il traghetto, lento monumento di noncurante chiarore; Aldo teneva in serbo un colpo di teatro a beneficio di un pubblico che di fronte non aveva.
Sollevando le sopracciglia fece sì che tanta luce arrivasse agli occhi spalancati, in un simulato e ingigantito stupore.
Un poco di vento gli mosse il vestito strappato, la scorpacciata di luce non gli bruciò gli occhi.
- Chissà perché se ne sta là ... ma in fondo che importa? -
Aldo volse la testa verso ponente, dove l'albore è più tardivo e sfumano le ombre. L'umidità e gli scarichi delle vetture salivano dal basso; tra questi spiriti scoloriti, un'anima segreta gli diede la direzione.
L'anima segreta che, come con l'umidità, la luce del giorno proverà ad asciugare una volta ancora.
Oltre il passaggio delle auto, la tenda si richiuse.
O calò, se lo preferite.

- È ora di tornare a casa: è pur sempre la cosa più facile, no? -

Scritta tra dicembre duemilaquattro e febbraio duemilacinque, l'Opera buffa in assenza di luce è il terzo romanzo di Roberto Gualducci.
La parte in luce e quella in ombra sono composte sulla falsariga di letteratura di genere; detto ciò, spero d'aver scritto in modo sufficientemente originale.
Ogni riferimento a fatti e persone realmente esistenti è puramente casuale; le descrizioni oftalmiche sono da considerarsi solo in funzione alla narrazione.
Se qualche lettore dovesse riscontrare analogie tra questo libro e qualcosa che ha già letto o visto, me ne scuso: ciò sarebbe da imputare all'imperizia di chi ha scritto, non alla sua malafede.

I romanzi: Calypso, Lo scomodo, Opera buffa in assenza di luce, Un fantasma al citofono, Il ragazzo di marmo, Arnaldo va al mare, Teschio di cane, Gio' senza meta, Il Gran Ridicolo-Burlesque-scherzi per il nuovo millennio, Uran (o del lupo cattivo), L'attor giovane, Delinquente comune, Le altre città, Pantaleone alle crociate.

Made in the USA
Middletown, DE
07 November 2024